# 애도의 심리학
## – 부모 상실

# 애도의 심리학 - 부모 상실

발행일      2026년 1월 9일

지은이      양준석·이지원·심홍식·김재경·장현정·김윤희
펴낸이      손형국
펴낸곳      (주)북랩

출판등록    2004. 12. 1(제2012-000051호)
주소        서울특별시 금천구 가산디지털 1로 168, 우림라이온스밸리 B동 B111호, B113~115호
홈페이지    www.book.co.kr
전화번호    (02)2026-5777                          팩스    (02)3159-9637

ISBN       979-11-7598-024-2 03180 (종이책))       979-11-7598-025-9 05180 (전자책)

**작가 연락처 문의 ▶ ask.book.co.kr**

전용 게시판에 문의를 남기시면 저자에게 직접 전달됩니다.

**(주)북랩** 성공출판의 파트너

북랩 홈페이지와 SNS에서 다양한 출판 솔루션을 만나 보세요!

**홈페이지** book.co.kr   •   **블로그** blog.naver.com/essaybook   •   **출판문의** text@book.co.kr
**카톡채널** 북랩

사라진 관계를 새로운 방식으로
이어가는 치유와 회복의 여정

# 애도의
# 심리학
## – 부모 상실

양준석·이지원·심흥식·김재경·장현정·김윤희 지음

부모 상실은
설명되지 않는 슬픔과 반복되는 죄책감,
말할 수 없는 공허함을 남기지만
슬픔을 받아들이고 애도하는 법을 배울 때
우리는 조금씩 다시 서는 힘을 찾게 된다.

 북랩

## 들어가며

- 그리운 길 위에서

"인간은 누구나 하나의 세계다.

부모란 그 세계 중에서도 가장 오래되고 본질적인 세계다.

그 세계가 사라질 때 남은 사람은 단순히 울지 않는다.

그는 자신을 잃고 세상을 잃는다."

_ 쇼펜하우어

삶은 상실로 가득합니다. 자그마한 물건부터 죽음까지 나라고 할 만한 모든 것들이 피해갈 수 없는 운명처럼 느끼는 것이 상실입니다. 나이가 들면서 제법 상실에 익숙할 법하지만, 여전히 피하고 싶은 것이 상실입니다. 삶에서 만나는 크고 작은 상실을 생각하면 너무나 다양하고 뉘앙스가 다른 모습에 그저 내 자신이 놀라울 뿐입니다. 물론 상실과 관련된 여러 기술들을 익히면서 제법 마음을 다룬다고 하지만, 그래도 어려운 것이 상실을 다루는 일입니다. 상실 중에서 특히 충격적이고 고통스러운 상실 중 하나가 부모를 상실하는 경험입니다. 부모를 잃은 상실은 머리로는 이해가 되면서도 한편으로는 설명되지 않는 슬픔이 존재합니다. 단순히 사랑하는 사람을 잃은 감정이 아니라 세상에서 유일하게 가진 나만의 언어, 나만의 기억, 나만의 세상이 함께 사라지는 괴로움이기에 상실 후의 세상은 텅 빈 느낌을 갖습니다.

우리는 상실한 후에 상실을 대체하기 위한 다양한 노력을 기울입니다. 그러나 부모만큼은 우리들에게 완벽한 세상이었기에 어느 누구도 부모가 우리에게 준 그 세상을 대체할 수 없습니다. 누군가가 아무리 친절하고 다정해도 부모님의 말투, 손길, 표정, 고유한 결을 복제할 수는 없습니다.

실제 우리가 상실한다는 건 그 대상과의 관계가 단순히 끝나는 것만이 아니라, 그 대상을 통해 내가 보던 세상이 사라지는 일입니다. 우리는 유년기 시절에 '부모'라는 프리즘을 통해 세상을 바라보았고 세상을 익혀 왔습니다. 물론 성장하면서 자신만의 세계를 구축하고, 부모와 분리를 시도하며 자신이 세상의 중심인 양 살기도 합니다. 그러나 삶에서 한계에 부딪힐 때 '부모'라는 토대를 통해 세상에 나왔다는 것을 다시 한 번 각인하며 부모에게 돌아가 안전함과 쉼을 도모합니다. 물론 부모가 살아계실 때까지는 그렇습니다. 부모님이 살아계시는 동안에는 세상은 따뜻하고 돌아갈 곳이 있었습니다. 그러나 부모 상실 이후의 세상은 모든 것이 텅 비어 있고, 낯설고 차갑습니다.

모든 상실이 그렇듯 상실한 사람은 다시는 이전의 세상으로 돌아갈 수 없습니다. 애도가 그러하듯이 상실 이전에 가졌던 우리들의 세상은 상실 후에는 많은 것들이 붕괴되고 파괴되기 때문입니다. 그럼에도 부모의 존재는 사라지지 않습니다. 우리는 눈에 보이지 않는다고 해서 존재하지 않는다고 이야기하지 않습니다. 보이지 않아도 존재함을 느끼는 것이 인간만의 고유한 특성이기 때문입니다. 하나의 유전자가 부모로부터 내 안에 유전되듯이 부모가 남긴 습관, 행동의 방식이 여전히 내 안에서 살아 있기 때문입니다. 함께했던 기억들이 사라지지 않는 한 부모에 대한 그리움과 애도는 끝나지 않습니다. 즉 보이지 않는 또 다른 형태로 나와 함께 살아가고 있을 뿐이기 때문입니다.

이 책은 부모 상실로 힘들어하는 사람들에게 부모 상실의 의미와 애도하는 방법을 함께 나누고자 합니다. 흔히 사별한 사람들을 대하는 작업은 매듭을 푸는 일과 매우 유사하다고 합니다. 애도와 상실을 경험하는 일은 사별을 당한 사람의 대인관계, 사회적 기대와 다양한 규칙, 상실의 유형, 상실과 관련된 주변 상황을 비롯한 미로와 같은 개인의 고유한 이야기이기 때문입니다. 그러나 매듭을 푸는 일이 우리 사회에서는 낯설게 느껴지기도 합니다. 부모를 바라보는 형제자매의 시선이 다르고 위치가 다르기 때문입니다. 그럼에도 불구하고 부모 상실로 인한 사별을 겪는 과정에서 변화를 일으키도록 돕기 위해서 그 과정에 대한 개념들과 여러 모델을 책에서 제시하고자 했습니다. 물론 애도에는 정석이 있을 수 없습니다. 다만 '한 사람은 다른 모든 사람과 같고, 몇몇의 다른 사람들과도 같고, 또 어떤 누구와도 같지 않다'는 고든 올포트(Gordon W. Allport)의 말을 상기해 봅니다. 이 책을 읽는 독자들은 부모 상실과 관련된 이야기를 함께 나누고 비판적으로 검토함으로써 상실 후의 괴로움이 덜어지고, 죽음과 죽어가는 과정 그리고 사별이라는 경험을 통해 낯설지만 새로운 것을 배우는 상실 수업이 잘 되기를 진심으로 바랄 뿐입니다.

# 목차

들어가며_그리운 길 위에서                                        5

## 1장 부모 상실 / 13
1. 부모를 잃은 슬픔                                              17
2. 어머니 상실                                                   24
3. 아버지 상실                                                   29
4. 설문조사                                                      33

## 2장 부모·자녀 관계 / 35
1. 생명 탄생                                                     38
2. 애착 대상으로서 부모                                          42
3. 역할로서 부모됨                                               47

## 3장 생애주기별 부모 상실 경험 / 53
1. 아동기 부모 상실                                              56
2. 청소년기 부모 상실                                            60
3. 성인기 부모 상실                                              65
4. 노년기 부모 상실                                              69

# 4장 상실에 대한 반응 / 73

1. 슬픔(Sadness)     78
2. 분노(Anger)     81
3. 죄책감과 수치심(Guilt and Shame)     86
4. 불안(Anxiety)     91
5. 외로움과 공허감(Loneliness and Emptiness)     95

# 5장 애도심리학 / 99

1. 볼비의 애착과 애도     104
2. 클라인의 대상관계와 애도     113
3. 클라스의 지속성 유대와 애도     123

# 6장 부모 상실 애도 과정과 과업 / 133

1. 슬픔(grief)의 일     136
2. 애도 과정     140
3. 애도 과업     147

# 7장 애도 상담 / 155

1. 애도 과정의 복잡성     157
2. 애도 상담의 이해     160
3. 애도 상담의 진행 과정     167

## 8장 특별한 애도 경험 / 181

1. 갑작스런 죽음(Sudden Death)                    182
2. 자살(Suicide)                                  186
3. 사고사(Fatality Death)                          189

## 9장 슬픔 치유 기법 / 193

1. 기본 기법                                       198
2. 정서적 기법                                     206
3. 인지적 기법                                     212
4. 행동적 기법                                     216
5. 통합적 접근                                     223

## 10장 상장례(喪葬禮) 예식 / 225

1. 종교별 장례 예식과 애도                          228
2. 전통적 예식                                     232
3. 현대적 예식                                     235
4. 장례 의식의 심리 사회적 기능                      240

참고 문헌                                          244

# 1장

/

# 부모 상실

어떤 경우라도 부모를 잃는 충격은 심각하며, 슬픔은 너무 깊고 생생해서 반드시 슬픔 작업을 해야 한다. 비탄과 함께 버거운 짐을 벗었다는 안도감이 교차되는 경우에도 마찬가지이다.

실제 부모님이 돌아가시면 이 세상은 완전히 다른 공간이 되기에 마음을 치유하기 위해 관심을 기울여야 한다.

_ Mundy, 「부모님을 잃은 슬픔의 치유」에서

가족은 한 개인의 근본적인 토대이며, 한 사회의 기본 단위로서 개인이나 사회에서 자기의 삶을 살아가는 데 핵심적 역할을 한다. 실제 가족이란 부부, 자녀, 형제, 부모 등으로 구성된 단위로서 정서적 유대, 보호와 지원, 공동의 정체성으로 통합된다. 물론 사회의 변화와 생애주기의 발달에 따라 가족 구성원의 변화도 있지만 심리적, 사회적 핵심은 가족이다.

그런데 이러한 가족 관계에서 가장 심각한 위협이 가족의 사별 경험이다. 가족의 사별 경험은 슬픔과 분노, 허탈감, 무력감, 우울, 죄의식, 거절 등의 부정적인 감정뿐만 아니라 경제적인 문제, 사회적인 위기를 가져오게 한다. 그리고 가족의 사별 경험을 생애주기 발달 과정의 어느 시기에 경험했는가에 따라 개인의 삶과 성장에 큰 영향을 끼친다.

실제 죽음이란 삶에서 갖는 모든 것들을 상실하는 경험이며, 기존의 유대를 가졌던 관계로부터 분리의 고통이며, 사후 어디로 가야할 지 죽은 자나 살아남은 자 모두 알 수 없는 미래에 운명을 맡겨야 하는 그야말로 상실 경험 그 자체이다. 물론 현대 의학의 발달로 죽어 가는 과정에서의 고통 완화나 일시적 생명 연장은 가능하나, 죽음 자체를 지울 수 없기에 죽음은 모든 이들에게 실존적인 문제를 제기한다.

사실 우리는 머릿속으로 부모님이 우리보다 먼저 떠날 것임을 나이가 들면서 분명히 인식하고 있지만, 막상 부모가 세상을 떠날 때가 되면 자신이 죽음을 준비하지 못한 것에 대한 후회와 자책으로 시간을 보내기도 한다.

특히 우리나라 문화에서 부모를 잃는다는 것을 천붕지통(天崩之痛)으로 표현할 만큼 큰 슬픔으로 받아들였다. 서양인들은 자신이 가족 구성원과 더불어 '우리'라는 범주에 포함될지라도 그 속에서 자신의 독립성과 자율성을 그대로 유지시키려 한다. 이에 비해 한국인에게 있어 '우리'는 가족 간 미분화된 심리적 연대감을 강하게 반영하며 '부모 자녀 동일체 의식'을 바탕으로 자녀의 기쁨과 고통은 부모의 기쁨과 고통이 되고, 반대로 부모의 기쁨과 고통은 곧 자녀의 것으로 인식된다.

이처럼 한국의 부모-자녀 관계는 희생과 헌신, 강한 심리적 유대감으로 연결되어 있으며, '부모-자식을 하나'로 지각하는 경향이 있다. 이렇게 강한 일체감으로 생의 출발부터 함께 했던 부모의 죽음을 맞이한 자녀의 입장에서는 나이에 상관없이 큰 슬픔과 더불어 고통과 상처를 받게 된다. 이러한 부모 상실의 특성을 정리하면 다음과 같다.

# 1. 부모를 잃은 슬픔

엄마가 돌아가시고 아버지에게 감사함을 느껴요

"엄마가 돌아가신 후 가장 크게 느낀 건, 아버지라는 큰 나무
가 선사하는 그늘의 감사함이에요. 나중에 둘러앉아 '우리는
아버지한테 잘했잖아. 그러니 후회 없잖아'라고 회상하도록
아버지한테 잘하려고 노력해요."

_ 김선주

　김선주(가명) 씨는 어머니가 돌아가신 후 머릿속을 채운 건
그동안 짜증 내고 화풀이했던 순간, 인상 찌푸리며 함부로 내뱉
은 말, 약속을 어긴 기억뿐이다. 자식으로서 한 게 뭔지 원망스
러울 만큼 가슴이 미어졌다. 그래서 길 가다가 어머니와 닮은
사람을 보면 아닌 줄 알면서도 따라갔다가 실망 끝에 대성통곡
을 하고, 꿈속에서 만난 어머니가 보고 싶어 '꺼이꺼이' 토할 정

도로 울기도 했다.

울고 나면 한결 마음이 진정되면서 어머니에 대한 그리움은 소소한 일상을 같이 일구어 가는 가족의 소중함을 사무치게 알려 주었다. 이제 남은 가족으로서 아버지가 살아계시다는 것에 감사함을 느낀다고 한다.

부모는 물질적·정서적으로 자녀를 지원하고, 자녀가 성장할 수 있는 안정된 가정 환경을 제공하는 보호자이자, 자녀의 모델이 되어 주는 사람이다. 또한 자녀의 적절한 성유형화와 동일시의 대상이며, 사회 규범을 가르치는 역할을 한다. 가족의 중심으로서 부모는 형제들의 갈등을 해소하고 하나로 통합하는 역할을 해 왔다.

실제 모든 인간은 어머니의 육체를 통해 이 세상에 태어나고 대부분 1차 양육자인 어머니와 애착을 형성하면서 생존 방식을 터득한다. 볼비(Bowlby)에 따르면 애착은 생존을 위해 타고난 행동 경향성이며, 이로 인해 인간이라는 종이 지금껏 생존할 수 있었을 만큼 적응적 중요성을 가지고 있다. 더 나아가 1차 양육자와 나누었던 상호작용에 따라 초기 애착이 형성되고, 이러한 내적 작동 모델에 따라 성격의 한 측면으로 자리 잡아 향후 개인의 삶과 관계에 전반적인 영향을 미치게 된다.

따라서 부모 상실은 이러한 애착 대상인 부모와 죽어서 이별하는 일이며, 이러한 애착 대상의 상실은 향후 개인의 삶에 지대한 영향을 미칠 수 있다. 한쪽 부모의 죽음은 자녀에게 깊은 영향을 미치게 되는데, 특히 자녀의 나이가 어릴수록 남아 있는 부모나 보호자가 자기 자신의 애도에 짓눌려 자녀를 제대로 돌보지 못해 복합적 비애 상태로 빠지곤 한다.

부모의 피와 살을 이어받은 자식된 입장에서 부모 상실 경험은 여러 영향을 미친다.

첫째, 부모 상실 경험은 현실적인 가족의 중심점이 사라지는 것이기에 부모 중심의 가족 체계가 해체되고, 사별 경험 이후 여러 내외적인 갈등으로 형제간 가족 관계를 단절시키거나 약화시키고 가족 갈등을 심화시키는 주된 원인이 된다. 물론 가족 중심의 제사 문화가 있는 형제들은 그 기능적 역할로 인해 새로운 가족 체계를 이어받기도 하지만, 갈수록 핵가족화하는 문화 속에서 기존의 가족 체계는 다양한 변화를 맞이할 수밖에 없다.

둘째, 부모 상실 경험은 가족 내에서 마주하고 싶지 않았던 현실적이며 실존적인 죽음의 문제를 직면하는 계기를 경험하게 한다. 물론 자녀들은 누구나 죽는다는 사실과 생물학적 나이로 부모가 먼저 떠난다는 사실은 분명하게 알지만, 막상 부모 상실 경험은 자신이 이에 대해 준비되어 있지 않음을 경험하게 한다. 그래서 상실 경험은 현재는 편치 않고, 과거와는 단절되며, 미래는 내 차례라는 두려움을 경험하게 된다.

셋째, 부모 상실 경험은 부모가 기존에 해 왔던 역할에 대해 이제 형제들이 나누어 책임을 져야 하는 현실적인 문제를 경험하게 된다. 그저 부모에게 의지하며 의존해 왔던 것들이 어느 순간부터 이에 대한 상실로 인해 각자의 몫으로 책임지며 당당히 한 인간으로서 수행해야 하는 상황을 맞이하게 된다는 것이다. 이는 다른 측면에서 두렵고 버거운 일이기도 하지만, 부모에게 의존하는 것에서 벗어나 독립적이고 자유로운 존재로서 자리를 잡는다는 의미도 있다.

이처럼 부모 상실 경험은 한 존재의 근원을 상실하는 경험이고, 이로 인한 상실감과 허탈감, 슬픔에 빠져들게 된다. 이는 아무리 나이를 먹어도 부모 앞에선 누구나 아이일 수밖에 없기에, 남겨진 자로서 버림받음과 공황 상태를 경험할 수밖에 없는 것이라 할 수 있다. 물론 부모 상실 경험의 영향은 부모의 성별, 사망 전 자녀와의 관계, 사망 전의 역할 등에 따라 다르게 나타날 수 있을 것이다.

전통적으로 한국 사회에서 부모의 역할을 볼 때, 아버지는 가정의 리더로서 경제적 자원의 제공과 가족 내 질서 유지와 같은 책임자 역할을 맡고, 어머니는 양육과 가사와 같은 가정 내적인 생활 측면을 담당한다. 이러한 의미에서 아버지의 상실은 가정의 경제적 지위 변화와 함께 가족을 이끌어 가는 가장이라는 리더 상실로 인해 사회적 관계의 변화를 맞이하게 된다. 그리고 어머니의 상실은 실질적인 의사소통의 창구이자, 가사와 양육이라고 하는 일상생활의 매개체가 사라짐으로 인하여 심리적 지지의 상실이 더 크게 예측된다.

사실 우리는 살아오면서 부모와의 관계 속에서 수많은 상처와 불완전한 관계를 맺는다. 가혹한 말과 씻을 수 없는 상처들의 근원이 부모로부터 오는 경우가 많다. 그런 불화와 상처 속에서 자신의 말로 표현하지 못하고 적당히 얼버무리고 살다가 잃어버린 기회를 보며 통곡을 한다. 특히 부모에 대한 양가감정이 있는 경우는 죄책감과 후회감을 고착시켜 이후 삶에 변형을 가져오기도 한다.

우리는 나이가 들면서 성인이 되었지만 내면에는 부모에 대한 인정과 칭찬, 사랑을 갈구하는 내면 아이가 있다. 특히 어린시절 부모로부터 인정과 칭찬, 사랑을 받지 못했다면 더욱더 간절히 사랑을 갈구하지만, 이미 세상을 떠난 부모로부터 이를 찾을 수 없기에 그 마음이 더욱더 꼬여 가고 방황할 수밖에 없다.

실제 우리의 비애는 여기에 있는 것이다. 특히 나이가 들어가면서 늙어 가는 부모를 수용할 수 없고, 부모와 자신과의 역할을 바꿔야 하는 부담, 일과 집안 문제로 부모를 요양원이나 시설로 옮겨야 하는 결정 등에서 더욱더 이러한 문제는 증폭이 된다. 그래서 부모를 상실하고 난 자식의 입장에서 주변의 친구나 지인들에게 충고하는 말 중 가장 많이 하는 말은 '살아계실 때 충분히 말하고 나누라'는 말이다. 이미 부모님의 죽음이 예견되는 과정에서 우리는 예기적 슬픔을 경험한다. 그래서 마음속 고통과 슬픔을 충분히 나누는 모든 기회를 활용하라고 한다. 애도의 격언 중에 '30분 동안 울어야 할 것을 20분 만에 그치지 말라'는 말이 있다. 살아계실 때 무슨 말이든 나누고 심리적으로 용서할 것이 있다면 용서하는 과정에서 우리는 큰 위로와 치유를 경험한다. 심지어 부모님이 계신 산소나 납골당을 방문하여 큰 소리로 '엄마', '아빠'를 소리 내어 부르는 것만으로도 애도를 경험한다.

이처럼 부모의 상실 경험은 우리의 한계를 직면하는 실존적인 위기이기도 하지만, 무언가를 배우는 경험이기도 하다. 늙어 가는 부모와 깊은 관계를 맺을수록 나이 듦의 지혜를 배울 수 있고, 부모와의 대화 경험을 통해 자신의 감정을 표현하고 소통하는 법을 배울 수 있다. 또한 애도 과정을 통해 주변 지인과 공동체로부터 의지하고 도움 받는 법을 배울 수 있고, 사별 뒤의 세계에 대한 미지의 충동과 동경을 그리워하는 마음을 볼수 있고, 살아있는 동안 어떻게 잘 살아야 하는지를 배울 수 있다. 이처럼 부모의 상실은 남아 있는 자녀들이나 가족들에게 고통스러운 경험이지만, 삶의 의미가 사라는 것이 아니기에 자기 자신에 대한 이해와 새로운 삶을 여는 새로운 시작을 만들어 가는 마음 자세가 필요하다.

## 2. 어머니 상실

울어야 삽니다

"늘 옆에 있을 것 같았던 '동기 같은' 엄마가 갑자기 사라졌어
요. 눈물 때문에 흐릿해진 시야 속에 손을 허우적거려 보지만
'엄마, 엄마, 엄마'는 잡히지 않아요."

_ 이미영

　방송인 이미영(가명) 씨는 '엄마'라는 단어를 입 밖에 꺼내는
것조차 힘들어할 만큼 눈물이 많다고 한다. 그녀의 어머니는
예고 없이 하루아침에 돌아가셨다. 당뇨가 있던 엄마는 치매
환자인 아버지를 일거수일투족 살피며 거둬야 했다. 그러니 제
때 식사도 할 수 없고, 병원조차 제대로 챙겨 다닐 수 없었다.
그것이 화근이 되어 갑자기 돌아가시게 된 것이다. 사실 가족
중에서 누가 환자라도 되면 그 환자를 걱정하고 챙기는 마음이

컸지, 환자를 직접 돌보는 사람의 병은 보지 못한다. 이제 내가 그 입장이 되어 가족 중 누군가를 매일 목욕시키고 식사 챙기는 일이 얼마나 고달팠을까, 이제야 알겠더라고 한다.

뉴만(Neumann)은 '어머니'라는 존재를 모든 인간의 근원적이고 대지적인 존재요, 한 개인의 정신이 태어나는 무의식의 대상으로 보았다. 오랜 시간 동안 우리에게 각인 되어 있는 어머니에 대한 이미지는 개인적으로 성장할 수 있는 그리고 충족되지 못한 필요를 정서적으로 충족시킬 수 있는 중요한 존재이다. 또한 애정적인 역할을 제공하여 가족 관계를 부드럽게 하고 정서적 긴장을 감소시켜 집단체로서의 단합과 안정을 도모하고, 딸에 대해서는 여성 역할의 모델이 된다고 하였다. 실제 어머니의 역할이 자녀의 정서적 적응, 행복감 형성에 관련이 깊은 것으로 나타났다.

그러므로 어머니 상실 경험은 가족들이 중심을 잃고 유대 관계가 흔들리는 상황을 초래한다. 문디(Mundy)는 '어머니가 떠났다는 것은 자녀들의 성공을 가장 기뻐하고, 실패했을 때 가슴 아파하는 울타리를 잃었다는 것을 의미한다'고 하였다. 또한 '자녀들 간의 문제나 어려움이 있을 때, 어머니는 이를 중재하고 해결하려고 노력하지만, 어머니가 떠나고 나면 어머니 앞에서 화해할 기회가 사라졌다는 것을 의미한다'고 하였다. 이처럼 어머니의 상실이란 자녀를 연결하는 매체도 상실하게 되어 가족 관계가 소원해지고 단절되는 부정적인 현상을 초래할 수 있다.

실제 어머니 상실은 미처 다루지 못한 갈등이 내재되어 분노의 감정이 표출되지 못한다면 우울의 반응이 병리적으로 나타날 수 있고, 애도로 인한 슬픔이 긍정적으로 극복되지 못한다면 불안, 위축 행동, 외상 후 스트레스 장애 등이 발생할 수 있다. 그러므로 어머니 상실을 애도하는 것은 매우 중요하며 필수적이다. 아동 청소년기에서 어머니의 상실 경험이 흔하게 일어나지 않지만, 경우에 따라서는 극복하기 힘든 트라우마로 남을 수 있는 특별한 사건이 될 수 있다. 특히 우리 문화에서 어머니 상실 경험을 편견과 문제아로 낙인화하는 경향이 있어 어머니 상실 후 자녀들이 적응에 어려움을 겪는다. 즉 아동 청소년의 일탈적 행동과 언행을 어머니가 없음으로 생긴 결과라고 귀인하는 탓에 어머니와의 상실 경험을 아동·청소년기 때부터 불편해거나 숨기며 자라 왔을 수 있다. 이는 결국 심리적으로 낮은 자아 존중감, 우울감, 삶의 의미와 희망 상실, 고통 등을 보일 수 있다.

포프킨(Popkin)은 자녀가 아동기와 청소년기를 거치며 성장함에 따라 제공되어야 할 부모의 역할이 변화되어 간다고 하였다. 특히 어머니의 역할에서 청소년기 자녀와의 관계는 질적으로도 상이하게 다르며, 이후의 발달적인 결과에 각자 다른 영향을 미친다. 실제 아동·청소년기에 부모가 자녀에게 미치는 영향력은 어머니가 아버지보다 더 크다고 한다. 대부분 아동·청소년들의 어머니들은 자녀의 정서적 공유에 더 많이 관여하게 되며, 더 많은 시간을 함께 보낸다는 점을 들 수 있다. 또한 아동·청소년들이 어머니와의 관계에서 양적인 것뿐만 아니라, 질적으로도 더 많은 영향을 받게 된다는 사실을 확인할 수 있다. 이처럼 어머니의 지지나 조율과 같은 행위가 관계의 안정성과 관련이 있다는 것이다.

알트슐(Altschul)은 어머니 없이 자란 여성들이 기억 속의 어머니와 현재의 자신을 혹은 어릴 적 자신과 자기 자녀를 동일시하는 과정에서 혼란을 느낀다고 한다. 어머니를 상실한 여성은 어머니와 자신을 강하게 동일시하는 경우, 자신의 때 이른 죽음을 걱정하여 자녀와 거리를 두거나 임신을 회피하기도 한다. 또 자녀를 통해 자기 자신을 보는 경우, 그녀는 비정상적인 정체성을 자녀에게 투사해 자신을 치유하려는 목적으로 자녀를 과잉 보호할 수 있다. 이처럼 어머니가 되는 것을 두려워하는 '모성 공포증'은 어머니를 잃은 딸이 겪는 가장 큰 두려움이다. 이 두려움이란 '때 이른 나이에 어린 자녀들을 두고 떠나지 않을까', '너무도 많은 꿈을 남겨 두고 삶을 마감하지 않을까' 하는 딸의 두려움을 말한다. 어머니를 일찍 상실한 딸이 그 상실을 충분히 애도하지 못했을 때, 아기를 통해서 엄마와의 친밀감을 회복하려고 무의식적으로 시도한다고 말한다. 자녀 양육에 대한 이렇게 무의식적이고 비정상적인 태도를 취한다면, 그녀는 아이를 키우는 일에 지나치게 치중하게 된다. 이처럼 어머니 상실 경험은 외로움이나 버림받았다는 느낌과 수용하지 못한 경험으로 자신의 자녀들과의 문제 있는 애착 관계를 형성할 수 있다는 것이다. 이는 그들이 성장하는 자녀의 행동을 지나치게 과잉 통제하며 자립심을 억누르려 하고, 그럴수록 자녀는 불안과 공포와 죄의식, 또는 엄마를 원망하는 마음을 지닌 채 성장하게 되기 때문이다.

# 3. 아버지 상실

아버지에 대한 사부곡

"아버지의 부재는 우리 가족에게 너무 다른 현실을 가져다주
었지만, 한편으론 아버지가 그 어디에도 털어놓지 못했을 그
답답한 심정을 떠올리며 마음이 짠해지더라고요."

_ 주소정

주소정(가명)은 얼마 전, 아버지의 20주년 추모 미사를 드리
고 나서 가족들과 이야기를 나누면서 '행복하다'고 말씀하시던
아버지의 모습이 아직도 눈앞에 선하다. 그런 아버지가 어느 날
췌장암 선고를 받고 1년간의 투병 생활 후 세상을 떠나셨다. 아
버지 임종 후 원망과 후회, 미안함 등 여러 감정이 교차했다. 하
지만 그것도 잠시, 아버지 사업의 여파로 집에 빚이 남아 있었
다는 것을 알게 되면서 지금 당장 살아가야 하는 현실의 벽이

더 크게 다가왔다. 게다가 홀로 남은 어머니의 상실감이 얼마나 클지 알기에 그녀는 슬퍼할 겨를이 없었다. 채무 관계 정리, 상속 포기 등의 절차를 밟아 경제적 위기를 해결해야 했고, 엄마의 마음을 챙기는 데 여력을 다했다.

로젠버그(Rosenberg)와 수통-스미스(Sutton-Smith)는 아버지라는 존재를 가족 내에서 사회와 가족을 연결하는 대표자로 책임자 역할을 담당하는 사람이라고 하였다. 전통적으로 아버지는 경제적 제공자이며 가족 내에서 중요한 의사결정자이고, 또한 궁극적인 훈육의 책임자로서 외부 세상과 가정을 연결시킨다. 자녀로 하여금 장래 진로 계획을 설계하도록 하며, 자녀가 능력 있고 자립적인 성인이 되도록 하는 역할을 함과 동시에 남아의 남성성 역할의 모델이 된다는 것이다.

이러한 아버지와의 상실 경험도 어머니의 상실 경험과 큰 차이가 없을 정도로 살아남은 가족의 인생에서 가장 고통스럽고 충격적인 사건 중에 하나다. 하지만 대부분 아버지와 정서적 교류가 많지 않기에 상실 경험의 표현이나 반응은 다양하다. 많은 경우 아버지 상실 경험은 무감각하게 대처하는 경우가 일반적이지만, 장례를 치르고 일상으로 돌아오면 자신의 든든한 보루이며 근거였던 존재를 상실했다는 점과 함께 이 세상에 버려진

느낌을 받는다. 늘 강하고 큰 존재로 생각되었던 아버지의 부재
는 충격일 수밖에 없다.

그래서 그런지 사별 경험 초기에는 정서적 표현이 제한되어
있다가 갑자기 아버지와 비슷한 연령대의 노인을 보면 슬픔이
나 고통스러운 감정이 뒤늦게 찾아오기도 한다. 살아생전에 좀
더 따뜻하게 해드리지 못한 것에 대하여 죄책감에 시달린다. 자
녀들은 서로 잘못한 것에 대하여 자책하거나 분노한다. 이러한
감정은 너무나 당연한 감정일지도 모른다. 누구나 아버지나 어
머니를 여의면 나이와 상관없이 고아가 된 느낌을 받게 마련이
기 때문이다.

우리 문화에서는 특히 아버지와 친밀한 관계를 맺고 자신의
감정을 표현하는 것이 제한되는 문화였기에 아버지 상실은 '아
버지 상처'를 기억하게 한다. 아버지 상처란 특히 아들이 아버
지와 완전한 관계를 맺지 못했을 때 받은 상처를 말한다. 상실
후에 불완전한 관계에 대해 아버지를 용서하고 자신을 용서하
는 것은 매우 중요한 과정이다. 물론 이를 입 밖으로 표현하는
것은 쉽지 않지만, 아버지와 같은 지긋한 연배와 관계를 맺으면
서 자신의 감정을 있는 그대로 느끼고 허용한다. 그러면서 시
간의 흐름과 함께 아버지 상처는 아물고 아버지로부터 받고 싶
은 따뜻한 감정과 긍정적인 에너지를 통해 치유의 길로 들어설

수 있다.

　우리 사회에선 여전히 가부장적 질서가 중심적이기에 아버지의 죽음은 남아 있는 가족에게 유·무형적 유산을 남긴다. 이와 관련된 여러 문제가 제기되지만 본질적으로 아버지의 죽음은 지금까지 살아온 삶을 성찰하게 하고 내가 누구인지, 어떻게 살아야 하는지를 배우는 실존적인 현상이며, 인간 내면에 있는 초월성을 자극하는 순간이다.

# 4. 설문조사

아버지 혹은 어머니가 돌아가신 20~50대 여성 총 513명을 대상으로 이지데이 리서치(www.ezday.co.kr) 코너에서 설문조사를 실시한 결과이다.

Q. 어머니(혹은 아버지)가 돌아가신 후 가장 견디기 힘들었던 순간은?

'부모의 죽음'과 관련한 설문조사 결과, 가장 견디기 힘들었던 순간은 '화장할 때 혹은 시신을 안치할 때'가 42%로 압도적으로 가장 많았고, 다음으로 '유품 정리할 때'는 25%, '길 가다가 외모가 비슷한 분을 마주쳤을 때'는 13%, '부모님 생신 때'는 10%, '명절 때'는 7% 순이었다고 한다.

Q. 어머니(혹은 아버지)가 떠난 후 가장 후회되는 일은?

'부모의 죽음'과 관련한 설문조사 결과, 가장 후회되는 일이 '부모님 마음에 상처를 준 불효'라는 답변이 46%로 압도적이었다. 다음으로 '전화, 방문 등 자주 연락하지 못한 무관심'이 29%였고, '사랑한다는 애정 표현을 많이 하지 못한 일'이 12%였고, '여행, 선물, 식사 등 대접하지 못한 것'이 9% 순이었다.

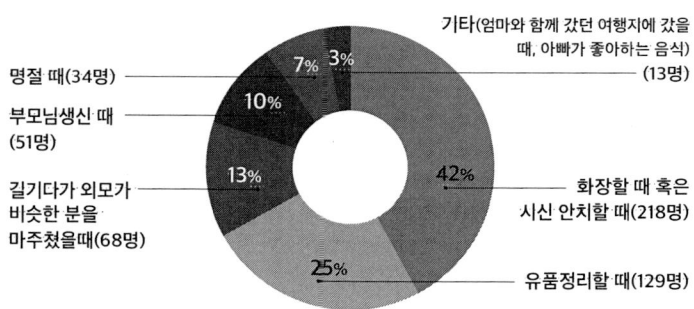

[그림 1] 부모가 돌아가신 후 가장 견디기 힘들었던 순간

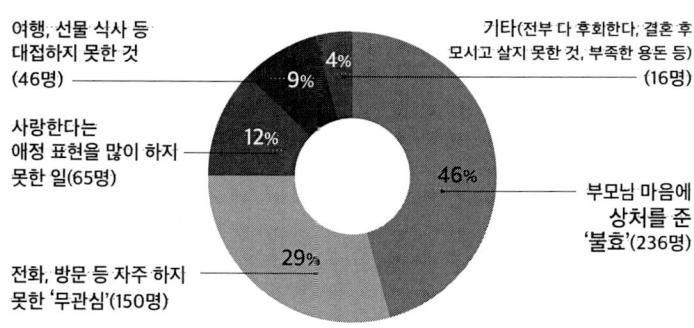

[그림 2] 부모가 떠난 후 가장 후회되는 일

# 2장

/

## 부모·자녀 관계

부모·자녀 관계는 기본적인 인간관계이며, 자녀의 입장에선 최초의 관계 경험이다. 특히 동양의 유교문화권에선 부모와 자녀의 관계를 효(孝)를 기본으로 제시하였는데, 『서경』순전(舜典)에 나오는 "삼가 오전을 아름답게 하라(愼徽五典)."는 구절은 맹자(孟子)의 오륜을 가리킨다고 하지만 다른 학설은 "아비는 친하고(父親), 어미는 자애롭고(母慈), 자식은 효도하고(子孝), 형은 우애하고(兄友), 아우는 공손하다(弟恭)."라는 뜻으로 가족 윤리의 근간을 친(親)·자(慈)·효(孝)로 제시하였다.

물론 부모·자녀 관계는 사회의 변화에 따라 추구하는 목표도 다르고 양육 방법도 차이가 있지만, 어느 집단이든 공통적이며 기본적인 목표는 첫째는 부모로서 자녀의 건강과 생존을 보장하는 것이며, 둘째는 부모로서 자녀가 사회 구성원이 되도록 교육과 기술을 배양시키는 것이며, 셋째는 자신이 속한 사회의 고유한 미덕을 습득하게 하는 것이다.

하지만 우리 사회는 산업 고도화로 물질적 풍요와 삶의 질이 향상되었지만, 그 이면에 한국 사회를 유지시켰던 기존의 가치관들이 물질만능주의, 허무주의, 개인주의로 대체되어 새로운 문제들을 양산하고 있다. 사람들은 대부분의 시간을 물질적인 부를 축적하고 소비하는 데 할애하기에 관계적인 측면들이 소홀히 되는 경향이 있다. 또한 '혼밥', '혼술', '혼놀'로 대표되는 '혼족 사회'의 도래는 기존 공동체나 전통적 가치관의 붕괴와 더불어 '자신의 존재 근거를 자기 자신에게서 찾을 수밖에 없는' 개인주의의 전형으로 이전의 것을 대체하게 되었다.

이러한 패러다임의 변화로 인해 관계적인 체험이 주는 유의미적 경험이 급격하게 감소되었고, 가족 또한 더 이상 '중요한 사회화 대상'으로 여겨지지 않게 되었다. 이에 따라 이전과 다른 부모·자녀 관계로 많은 변화와 갈등을 겪고 있으며, 관계 갈등과 관련한 괴로움은 온전히 개인이 감내해야만 하는 몫이 되었다. 이에 부모·자녀 관계의 기초적인 개념으로서 생명 탄생과 애착 대상으로서 부모와 역할로서의 부모됨을 살펴보고자 한다.

# 1. 생명 탄생

삶의 신비 중의 하나는 생명 탄생이라 한다. 남녀의 사랑을 통해 부부의 인연을 맺고 그 사랑의 결과로써 출산과 부모됨은 하나의 인격적 행위이다. 전통적으로 남녀가 부부의 인연을 맺고 자녀를 갖는 것은 자연스런 바람일 것이다. 물론 요즘 딩크족(맞벌이로 살면서 자식을 낳지 않고 결혼 생활을 하는)도 있지만, 자녀의 탄생은 두 사람의 사랑의 열매로 받아들인다는 측면에서 본질적으로 사랑의 의미를 담고 있다. 사랑은 차고 넘치는 성향으로 나를 넘어 상대에게 흘러가는 성향으로 사랑을 주고 받을수록 사랑은 풍부해지며 성장한다. 부부의 사랑도 자연스럽게 자녀 사랑으로 흘러가며 자녀에 대한 사랑을 통해 부부의 사랑이 더욱 성장한다. 이런 측면에서 생명 탄생은 인격적인 측면으로 고려될 만한 삶의 중요한 순간이며 결정적 계기이기도 한다.

물론 생명 탄생의 의미를 '인간 존엄성과 생명권'의 문제로 바라보는 측면과 '여성 몸의 도구화'라는 측면에서 논쟁을 하는 측면도 있다. 이는 과학의 발달과 주체성의 발달로 생명을 바라보는 시선의 지점이 다르기에 충분히 고려해야 할 지점이기는 하다. 다만 이 글에서는 생명 존엄성의 관점에서 불교에서 말하는 생명 탄생 이야기를 살펴보고자 한다.

## 세 가지 화합으로서 탄생

> 세 가지가 모여 비로소 어머니 태에 들어간다.
>
> 부모가 한곳에 모이고
>
> 어머니가 가득한 정을 참고 견디면
>
> 향음(陰氣 또는 識)이 이미 이른다.
>
> 이 세 가지가 모여서 비로소 어머니 태에 들어간다
>
> _『중아함경』 (대정장 1, 769b)

불교에서는 하나의 생명이 출생하기 위해 세 가지 요건이 결합해야 한다고 하는데, 첫째는 남녀의 성행위, 둘째는 여자의 임신 가능성, 셋째는 정신적인 존재인 의식(意識)이다. 이 세 가지 조건이 갖춰져야 생명이 탄생하게 되는데 첫째와 둘째의 조건은 일반적 상식이나 과학에서 인정되는 주장이지만, 셋째는 불교에서 주장하는 가설이다.

생명 탄생의 출발인 임신이 성립하기 위해서는 동일한 공간에서 그리고 같은 시간에 부모와 의식이 서로 결합해야 한다는 것을 기본적으로 밝히고 있다. 다만 부모가 합방할지라도 부모 중 한쪽이 아이 갖기를 간절히 바라지 않으면 임신이 성립하지 않고, 부모가 함께하더라도 질병이 있으면 임신하지 못한다는 것이다. 이는 현대 의학에서 멀쩡한 건강 상태임에도 불구하고 불임 부부의 원인이 단순히 정자나 난자의 이상 유무가 아닌, 좀 더 심리적이고 의식적인 면에서 연구할 필요가 있다는 것을 보여준다.

불교의 입장에서 부모가 자식을 가질 상을 가지고 있어야만 임신할 수 있다는 것은 전생의 업보로 자식을 둘 상이 있어야 한다는 것을 말하는 것이 아닐까 추측해 본다. 요약해 보면 임신이 성립되기 위해서는 부모가 한곳에 모이고, 부모에게 병이 없으며, 식신(識身)이 오고, 부모에게 모두 자식을 둘 상이 있어야 한다는 것이다. 식신이 모쾌로 들어감으로써 생명이 잉태되는데, 식신(識身)과 부와 모가 화합하지 않으면 수태할 수 없고, 오직 세 가지 인연이 화합해야만 비로소 임신할 수 있다. 부모의 수정란은 밭이 되는 것이그 식신이 씨앗이 되는 것이다. 제대로 결합하여 임신이 성립하기 위해서는 밭과 씨앗이 적절하게 조화로워야 한다. 같은 성질의 밭과 씨앗이 결합하여 임신이 되고 태아가 성장하는 것이다.

> 만일 부모의 복업이 뛰어나다더라도
> 자식의 복업이 하열하면 태에 들지 못한다.
> 만일 부모의 복업이 하열하면
> 자식의 복업이 수승(殊勝) 하더라도 태에 들지 못한다.
> 반드시 아버지와 어머니, 자식의
> 세 사람의 복업이 같아야 태에 들어갈 수 있다.
>
> _『아비달마대비바사론』권70(대정장 27, 363c)

즉 부모와 자식으로 만난다는 것은 대단한 인연과 복을 지어야 만난다는 것으로, 그냥 우연히 태어났다고 보는 생각에 다른 관점을 제기하고 있어 한 번쯤 생각해 볼만 한 일이다. 가끔은 개체적인 생명에만 관심을 기울이지 말고 나를 있게 만들어 주는 주변의 에너지, 생명에 관심을 기울이면 어떨까 싶다. 에너지도 사실 생명 또는 생명의 현상이다. 나를 낱생명이라면 세상에는 이를 보호해 주는 보생명도 존재한다. 낱생명과 보생명을 포괄하는 온생명에 대한 이해가 더욱 필요한 것이 아닌가 싶다.

## 2. 애착 대상으로서 부모

부모 상실을 이해하기 위해 애착의 의미를 이해해야 한다. 애착이란 사랑하는 대상을 가까이 하고 그들과의 관계를 유지하려는 행동을 말하며, 볼비는 이를 '한 개인이 자신과 가장 가까운 사람에 대해서 느끼는 매우 강력하고 지속적인 감정적 유대관계'라 하였다. 모든 인간은 사회적 동물로서 선천적으로 안전한 사람과 안정적인 애착을 갖고자 하는 욕구를 갖고 태어나며, 자신이 위협을 느끼거나 고통 속에서 안정감을 느낄 수 있는 누군가를 찾고 가까이에 있고 싶어 한다.

또한 자신이 태어난 사회에서 제대로 적응하며 살아가기 위해서는 타인과 관계를 맺고 어울리며 살아가는 데 필요한 기술과 역량의 발달이 필요하며, 타인과의 관계를 맺는 기본이 되는 기술은 양육자와의 애착을 통해 형성되고 발달된다. 생애 초기에 안정애착의 확립은 성인이 된 후 사람을 쉽게 신뢰하고 가깝게 다가가고 사람에 대한 긍정적인 믿음과 경험을 갖게 되는 바탕이 되므로 중요하다.

애착은 가장 가까운 사람에게 느끼는 애정적인 유대로, 대부분 부모와 관련된다. 이것은 시간과 공간을 초월하며 다른 어떤 사람도 그 사람을 대체할 수 없는 아주 특별한 정서적 끈이라 할 수 있다. 한국인이 부모를 '마음의 고향'으로 표현하는 것이 이러한 맥락에서 이해될 수 있다. 특히 공포나 두려운 상황, 보살핌과 배려가 필요한 상황이 생기면 애착 대상을 찾고 그 옆에 가까이 있으려는 애착 행동이 더욱 뚜렷하게 나타난다. 오랫동안 내재화된 애착 대상이 안정적이면 외부로부터의 위협을 받게 되거나 스트레스 상황에 처하게 될 때 불안과 정서적 혼란을 완화해 주는데, 마치 위험으로부터 안전하게 보호해 주는 피난처 같은 역할을 한다는 뜻에서 안전기지(secure base)라고 한다.

그러므로 자녀에게 있어 부모의 죽음은 단순히 한 사람의 죽음 이상의 의미를 갖는다. 볼비는 사별자의 충격의 정도를 함께 시소를 타다가 한쪽이 갑자기 일어난 놀람 사건으로 이해했다. 시소를 함께 타다가 한쪽이 예고 없이 시소에서 내려 버렸을 때, 다른 한쪽이 받는 충격을 상상해 보면 어떨까. 사실 시소에서의 놀람은 잠깐의 놀람과 당황뿐일 수 있지만, 부모를 상실한 사람은 평생 단단히 발밑을 받쳐 주던 지면이 꺼져 버린 것 같은 충격이 추가되는 것이다. 밀착되었던 애착 대상이 사라지면 '분리고통(seperation distress)'이라는 강한 정서적 반응을 일으키는데, 이것은 애착 대상의 부재를 위협과 위험으로 지각하고 교감신경이 활성화되기 때문이다. 이때의 애착 행동은 애착 대상에 가까이 있으려고 하고 보호받으려고 하며, 대상과의 근접성을 회복하려는 반응을 보인다. 이것은 안전기지로서의 부모를 회복하고자 하는 본능적 욕구로 볼 수 있다.

볼비(Bowlby)는 아동들의 부모 상실에 대한 애도 과정을 4단계로 설명하는데 첫 번째 단계는 멍한 상태(numbing), 두 번째 단계는 그리움(yearning)과 갈망(searching), 세 번째 단계는 혼란(disorganization)과 절망(despair), 마지막 단계는 애착 대상과의 재조직화(reorganization)로 보았다. 볼비는 애도 과정을 프로이트(Freud)가 말하는 '분리로서 애도'가 완성되는 것이 아니라, 분리고통을 애도 과정에 넣음으로써 사별자와의 내적 유대를 애도의 목적으로 제시하였다. 특히 마지막 재조직화(reorganization) 단계에서는 생전에 고인과 맺은 애착 관계를 바탕으로 자신과 주변 환경의 변화를 받아들이고 사별한 대상과의 관계를 돌아보며 그가 맡았던 역할을 시도해 보고 새로운 관계를 형성하게 된다.

볼비는 애착 대상을 상실하는 것을 현실로 받아들이고 심리적 관계가 정리되는 것이 아니라 상실을 수용하되 애착 대상과의 관계는 여전히 존재하며, 다만 실재적 관계에서 상징적 관계로 전환된다고 보았다. 따라서 부모와의 애착 관계는 사별로 사라지는 것이 아니라, 변화된 관계를 기반으로 안전한 느낌을 유지하며 현실에 재적응해 나가는 것이다. 재조직화 단계에서는 시간의 경과에 따라 애착 대상의 위계를 수정해 나가게 된다. 부모 상실 후 자녀들이 죽은 부모를 갈망하는 대신 부모와 그들을 가깝게 해주는 추억, 감정과 행동을 간직하고 있는 것을 상실한 부모를 재구성하는 것(constructing)으로 불렀고, 이러한 내적 표상을 유지하는 것이 죽은 부모와의 연결점을 가지는 것이라고 보았다.

페어베언(Fairbairn, 1954)은 상실한 대상과의 건강한 분리를 위해서는 이상적 대상 이미지를 내면에 형성함으로써 중심적 자아가 든든해져야 함을 강조했다. 이를 위해 부모에 대한 상징적 표상을 만들어 내고 상실한 부모 표상을 대체하기 위해 부모에 대한 좋은 이미지를 내면에 보존하는 것이 중요하다. 여기에 더해 볼비는 유아가 사랑하는 대상에게서 분리될 때 분리 불안이 일어나며, 이때 내면에 좋은 내적 대상이 많으면 리비도적 자아나 반리비도적 자아보다 중심적 자아의 영역이 확장됨으로써 대상 상실로 인한 불안을 견디게 된다고 하였다. 다시 말해 좋은 대상과의 반복된 정서적·물리적 상호관계가 표상으로 내면화되어 중심적 자아의 영역을 발달시키면서 대상의 상실을 견딜 수 있는 능력은 확장되고, 필요할 때 언제든 내면화해 둔 대상을 사용할 수 있게 되면서 분리가 가능해진다는 것이다.

이처럼 인생 초기에 확립된 애착 대상은 인간에게 평생의 안전기지가 되어 주며, 부모 사별 후에도 상징화된 표상으로 내면화되어 지속적으로 연결되고자 하는 것이다.

# 3. 역할로서 부모됨

부모 역할은 부모라는 지위에 있는 사람들에게 기대되는 행위이며, 동시에 그 지위에 있는 사람에게 주어지는 권리와 의무이다. 부모 역할은 부모와 자녀가 서로 영향을 받을 뿐만 아니라 사회문화적 환경의 영향을 받으며, 상호적이고 발달적인 역할로서 일방적인 것이 아니라 양방적인 것이다. 부모 역할은 자녀를 양육하는 과정에서 이루어지는 것이므로, 양육 태도 혹은 양육 행동 등으로 부모 역할을 총칭하기도 한다.

물론 부모 역할은 자녀를 양육하고 보호하며 지도하는 것으로 요약될 수 있다. 이러한 부모 역할에 대한 개념은 동서양을 막론하고 아버지는 엄격한 이미지와 자녀에 대한 역할 모델인 동시에 경제적 지원자 및 의사 결정자이며, 사회적 가치관을 전달하는 도구적 역할을 주로 맡는다. 이에 비해 어머니는 자상한 이미지와 자녀의 인성 교육과 가정 교육, 건강 및 위생 관리 등 양육 문제를 담당하는 표현적 역할로 구분하였다. 그러나 최근 사회의 변화와 함께 가족 구성의 변화로 인해 아버지의 역할 수행의 중요성과 더불어 자녀 양육의 책임을 공동으로 느끼고 함께 참여하려는 인식으로 변화되고 있다.

이에 역할로서 부모됨을 정리하면 다음과 같다.

첫째 역할로서 부모됨은 사랑의 실현이다. 사랑은 본성적으로 차고 넘치는 것으로 나에게서 너에게로 흘러나가는 성향이 있다. 실제 이러한 사랑의 본성이 잘 발휘될 때 사랑은 살아 있으며, 더욱 풍부해지며 성장한다. 본성적으로 사랑은 '내어줌'의 방향을 갖고 있기에 내어줌을 통해 관계를 맺는 본성의 실현은 부모·자녀 관계에서 드러난다.

자녀를 위해 아낌없이 내어 주려는 성향으로 부모는 자녀를 위해 자신을 기꺼이 내어 놓으며 온갖 수고를 마다하지 않는다. 부모의 본성상 자신들을 위해 자녀를 '사용'하지 않는다. 부모가 자녀를 원하고 잉태하고 낳고 양육하는 모든 과정에서 이러한 모습이 그대로 드러난다. 이 사랑은 본질적으로 거래되거나 조건적인 것이 아닌, 무조건적 사랑의 모습을 드러낸다.

둘째 역할로서 부모됨은 교육의 실행이다. 부모의 가정 교육은 자녀의 사회화를 위한 측면을 가진다. 자녀는 가족 안에서 사회성을 기르는 과정을 경험한다. 친인척들을 통해 인간관계를 배워 가고, 자신의 자리와 역할들을 익히게 된다. 그를 통하여 타인에 대한 배려, 희생정신을 배워 가게 되며, 책임의식을 가진 행동으로 인간관계 안에서의 신의를 알아가게 된다.

또한 사회의 문화들, 즉 언어, 식생활, 각종 기구의 사용, 운송 수단들을 보고 익히게 되며, 사회 구성원으로서의 필요한 부분들을 배우게 된다. 이러한 가정 안에서 질서와 예의, 공중도덕을 배우게 되며, 성숙한 인격체로 성장해 가게 된다. 또한 부모의 말과 행동, 성격, 취미 등 모든 부분이 자녀에게 영향을 미치며 교육이 이루어지게 되고, 자녀들이 부모의 언행을 보고 듣는 데서 인성이 형성되는 것이다. 우리나라 옛말에 '밥상머리 교육'이라는 말이 있다. 부모는 매일매일 밥을 먹는 것과 같은 일상생활 중에 얼굴을 맞대고 '어떤 사람이 되어야 할지' 안내하고 덕이 있는 사람으로 성장하도록 도움을 줄 수 있다. 부모는 자녀들에게 선을 실천하고 그것을 잘 실천할 꾸준한 힘과 습관을 길러 주는 역할을 한다.

셋째 역할로서 부모됨은 모델링(modeling)이다. 생물학적으로 아이들의 뇌는 출생 직후부터 성장하기 시작해 5세가 되면 성인 뇌 크기의 80%까지 성장한다고 한다. 4~7세는 뇌 발달의 황

금기로, 뇌 발달 측면에서 매우 중요한데 이때 중요한 것은 교과 선행보다 일상에서의 경험과 습관이다. 스스로 윤리적 삶을 살아가는 부모의 삶은 아이들에게 말 그대로 권위를 지니게 되며, 권위 있는 부모의 삶은 자녀가 부모로부터 가치관을 모델링하는 근본적인 밑거름이 될 것이다.

자녀가 태어날 때부터 조화 있고 균형 있는 발달을 가져오기 위해서는 가정에서의 애정과 상호 신뢰를 필요로 한다. 부모와 자녀 간의 자연적인 애정 관계가 아주 돈독해지기 위해서 부모들 자신이 성적으로 안정된 균형을 이루고 자녀들의 연령과 발달 과정에 맞게 신뢰와 대화로써 그들과의 정상적인 관계를 유지함으로써 모범적 위치를 지켜야 한다. 아버지는 아버지로서, 어머니는 어머니로서 각기 고유한 방식으로 부모 역할을 수행하며, 사랑으로 협력하는 모습을 보여준다. 이러한 부모 역할의 모델링은 자녀가 성인이 되어 만나게 될 남성과 여성에 대한 상(이미지) 형성에 영향을 미칠 수 있다.

아버지의 역할은 전통적으로 가족 내 성별 역할 구분이 명확하여 아버지는 사회적 노동을 통해 가족 생계를 책임지고, '가장'이라는 이름으로 권위주의적으로 가족을 통제해 왔다. 하지만 사회 발달과 더불어 아버지의 역할도 변하고 있다. 아버지의 역할을 자세히 살펴보면, 아버지는 자녀가 어릴 때부터 사회생활에 필요한 모든 행동 양식을 보고 배울 수 있는 롤모델이 된다.

그리고 아버지는 자녀에게 정신적 지주로서 자녀들의 감정과 생각, 요구에 민감해야 하며, 자녀들의 내면에서 어떤 움직임이 일어나고 있는지를 느낄 수 있어야 한다. 아버지는 어머니와 함께 자녀를 하나의 인간으로 성장시키는 데 본보기 역할을 충실하게 해내야 된다. 아들에게 있어서 아버지는 남성으로서의 행동 발달의 본보기(identification)로서 중요한 역할을 하고, 딸에게 있어서 아버지는 첫 이성의 본보기가 된다. 따라서 아버지가 딸에게 따뜻한 사랑과 온정을 베풀면 딸은 여아답게 자랄 뿐 아니라, 이성에 대해서도 좋은 감정을 갖게 된다.

모델링(modeling)의 대상으로서 아버지는 남아에게는 성 역할 습득 및 남성성 발달에 기여하게 되고, 딸의 여성성에도 결정적인 영향을 미친다. 그리고 자녀의 교육에 있어 아버지의 참여는 어머니에 대한 도움과 지지를 제공함으로써 자녀에게 보다 애정을 가지고 민감하게 반응할 수 있는 부모 역할에 기여하게 된다.

어머니의 역할은 자녀가 태어났을 때부터 어머니의 품 안에서 모성애, 신뢰감, 안정감을 느끼게 해 주는 것이다. 아기가 울면 달려가서 관심을 기울여 주고, 기저귀를 갈아 주고, 젖을 물리며 안아주는 어머니, 내가 필요할 때 언제나 의존할 수 있는 어머니에 대한 기대와 신뢰감은 어린이의 인성 발달에 지대한 영향을 미친다.

어린 자녀에게 어머니의 역할은 생명을 유지할 수 있는 절대적인 것이다. 이러한 절대적인 힘의 원천은 모성애라 불리는 어머니의 질적인 사랑이다. 어머니의 사랑은 자녀와의 신체적인 접촉을 통해서 표현된다. 충분하고 만족스러운 신체적 접촉과 일관된 따뜻함과 애정을 어머니로부터 받은 아이는 정서적으로 안정되고 건강하게 성장·발달하는 경향이 있다. 딸에게 어머니는 여성으로서의 행동 발달의 본보기(identification)로서 중요한 역할을 하고, 아들에게는 최초의 이성 역할을 하게 된다. 이때 어머니는 아들의 남성성을 발전시킬 수 있는 중요한 역할을 하게 된다. 아버지를 동일시하며 사회화 과정을 거치게 되지만, 여성다운 어머니로부터 양육 받은 아들은 남성다운 남성으로 자라게 되는 것을 알 수 있다. 또한 딸은 자신도 알지 못하는 사이에 어머니를 따라하며 여성성을 키우게 되는데, 어머니가 사용하는 언어가 곧 딸의 언어가 되고, 어머니의 습관이 곧 딸의 습관이 되기 때문이다.

# 3장

생애주기별 부모 상실 경험

우리는 발달 단계에 따른 위기와 상실을 경험한다. 인간이 처음 경험하는 상실은 따뜻하고 안전했던 어머니의 자궁으로부터 세상 밖으로 나오는 순간이라고 할 수 있다. 우리는 성장하면서 다양한 경험을 통해 발달 과정을 겪는다. 물론 인간의 발달은 연속적 과정 속에서 개인적으로 분화와 통합의 과정을 거치기에 발달 속도는 개인적인 차이가 있다. 분화와 통합은 문화·사회 속의 규범과 기대, 개인의 생리적·심리적 조건, 철학적 이상과 포부, 가치관 등 다양한 역향의 상호작용에 의해 결정된다.

발달 단계에 대해 프로이트는 심리성적 발달이론으로 구강기·항문기·남근기·잠복기·성기기로 분류하였고, 융(Jung)은 성격 발달이론으로 아동기·청년기·성인기·노년기로 분류하였다. 에릭슨(Erik Erikson)은 심리사회적 발달이론으로 사회문화적 경험을 강조하고 전 생애에 걸친 발달을 설명하고 있다. 에릭슨에 따르면 개인의 발달에는 각 단계마다 사회적 기대와 더불어 개인의 요구와 능력의 상호작용 속에서 달성해야 하는 과제가 주어진다. 발달은 상승만을 뜻하는 것이 아니라 유지와 쇠퇴까지 포함하기에 긍정적인 사건뿐만 아니라 적절한 좌절 경험까지도 골고루 겪는 것이 중요하다. 이런 경험들은 인생의 밀도를 농후하게 한다. 전 생애에 걸쳐 필연적으로 겪을 수밖에 없는 갈등을 주관적으로 해결해 온 체험은 위기를 극복하는 역량을 높이며, 그 역량은 삶 속에서 소중한 자원으로 활용된다. 결과적으로 발달 단계에서 맞닥뜨리게 되는 위기는 삶의 방향성을 잡고 인생의 완결성을 높이는 주요 사건인 셈이다.

부모 상실 경험은 어느 생애주기에 발생하느냐에 따라 사별 경험이 미치는 영향은 다를 것이다. 물론 개인적 역량의 차이를 무시할 수 없다. 그럼에도 불구하고 생애주기의 발달 과업적 측면에서 생애주기별 부모 상실 경험을 정리하는 것은 매우 중요하다. 사실 사별 경험은 사건의 문제라기보다 사별 경험을 어떻게 바라보고 어떻게 대처하느냐에 따라 다르게 나타난다. 즉 사별 경험 문제는 사별 경험 사건이 '무엇이냐'가 아니라, 사별 경험을 '어떻게 인식하고 받아들이느냐' 하는 대처의 문제가 좌우한다. 이에 부모 상실 경험에 대한 생애주기별 죽음에 대한 인식과 태도, 사별 경험에 대한 영향을 살펴보고자 한다.

# 1. 아동기 부모 상실

먼저 아동기의 사별 경험 이해는 나이와 발달 단계에 따라 영향을 받는다. 아동은 시간을 거의 이해하지 못한다. 예를 들면 '마지막' 또는 '영원히'라는 말이 무엇을 의미하는지 모를 수도 있다. 아동은 죽음이 영구적이라는 것을 받아들이지 못하며, 죽음을 거꾸로 돌릴 수 있다고 믿는다. 또한, 아동은 무엇이 현실이고 무엇이 비현실인지 이해하기 어려워한다. 그들은 사고의 '구체적 단계'에 있으므로 명확한 언어를 사용하는 것이 중요하다. 아동은 죽음을 일시적이고 회생 가능한 것으로 본다. 마술적인 사고가 초점이 되는 이 시기의 아동은 죽음도 통제 가능한 것으로 알고 있다.

아동은 부모의 죽음을 자신의 책임으로 생각하기도 한다. 또한 자신과 전혀 연관이 없는 일에 대해서도 어떤 연결점을 찾으려고 한다. 그래서 이 시기의 아동들에게는 죽음에 대한 참된 진실을 전달하는 것이 중요하다. 또한, 아동은 부모와의 사별로 인한 상실감을 다루는 데 있어 슬픔, 부정, 환상, 퇴행, 무기력과 같은 기제를 사용한다고 하며, 부모 사별 후 주로 심리적 부적응을 겪는다고 한다.

아동기 부모 상실 경험은 또래 관계의 문제뿐만 아니라 형제자매간의 소통에 대한 부정적인 태도를 갖게 된다고 한다. 또한 가족 내에서의 소통이 폐쇄적이고 안정적인 애착이 형성되지 못하면 가족의 경계가 불안정하여 다른 사람들과의 대화 또한 멀리하게 되고, 감정의 소통이 줄어 관계에서의 어려움이 생기게 된다.

실제 아동에게 가족은 가장 중요한 일차적인 환경이다. 그렇기 때문에 부모와의 사별은 아동에게 있어 정서적, 사회적, 경제적 지지를 해주는 가장 중요한 지지원의 상실 경험이며, 가장 큰 환경의 변화이다. 또한 이러한 상황의 아동은 아직 발달 과정 중에 있기 때문에 부모 사별이라는 심각하고 충격적인 환경 변화에 적절하게 대처하지 못하며, 사별의 슬픔을 스스로 해소하기도 쉽지 않다

이처럼 부모와 사별한 아동은 부모의 죽음을 겪은 후 언어로 표현하기 힘든 슬픔, 불안, 두려움, 좌절 등 혼란스럽고 복잡한 심리적인 어려움을 경험한다. 실제 아동기에 아버지와의 사별을 경험한 중년 남성은 부성 경험의 부재가 아동기, 청소년기,

성인기, 중년기의 생애 발달 단계를 거치면서 드러났다고 보고하고 있다.

아동기의 사별 경험은 슬픔 부정, 분노, 무기력, 죄책감, 신뢰 상실 등의 정신 변화를 경험한다. 또한, 장기적으로 사별의 고통이 진행되면 불안과 우울 증상이 나타날 수 있으며, 남겨진 부모의 관심을 얻기 위해 공격적이고 반사회적인 행동을 할 수도 있고, 수면 장애와 두통과 같은 신체적 고통을 호소하며 사회적으로 위축감을 보이기도 한다.

아동기 부모의 사별 경험을 연구한 하버드 아동 사별 연구소(Harvard Child Bereavement Study) 보고에 의하면 아버지의 죽음보다 어머니의 죽음이 더욱 안 좋은 영향을 끼친 것으로 드러났다고 한다. 어머니의 역할이나 기능이 상당히 중요하기에 사별 경험이 있는 여성들을 조사 연구(Edelmen, 1994)한 결과 어머니 상실의 여파가 지속적으로 삶에 영향을 미치며, 인생의 여러 시점에서 그 상실을 다시 경험하는 일이 반복되었다고 한다. 전통적으로 어머니는 자녀의 신체적, 심리·사회적 돌봄자로서의 중요성으로 인해 사별 이후 변화된 삶 속에서 상실의 슬픔과 동시에 적응이라는 어려움을 더 크게 겪게 되기 때문이다. 그 결과 어머니를 상실한 아동은 본인의 죽음에 대해서도 불안을 느끼게 되면서 조금간 잘못을 해도 자신을 무가치하다고 느끼거나 작은 비판에도 예민해져 완벽해지려고 하며, 남은 부모를 위해 행동해야 한다는 압박감을 느끼기도 한다. 그래서 상실의 아픔을 표현하기보다 이를 억압하고 어머니와의 사별에 대한 주변 사람들의 반응에 민감해져 본인이 아무런 영향을 받지 않았다는 듯 행동할 수 있다. 이는 자신의 안전함을 찾기 위한 무의식적인 반응이다. 설사 자신의 감정을 표현하려고 한다 해도 아동은 그 정서의 깊이가 얕고 불안정한 데다 우울 반응은 눈에 띈 슬픔으로 드러나지 않아 보호자가 간과할 가능성이 높기 때문이다.

특히, 아동은 가족의 중심 인물을 사별한 가운데 일상생활을 계속해야 한다. 부모 사별을 경험한 자녀들은 '잊힌 애도자'라고 표현되기도 하는데, 이는 사별을 경험하는 자녀들의 슬픔이 매우 심각하여 그에 대한 적절한 보살핌이 제공되어야 함에도 불구하고 성인들에 비해 많은 연구가 이루어지고 있지 못하는 현실을 지적한 것이다.

# 2. 청소년기 부모 상실

    청소년기는 발달 과정상 신체적, 인지적, 도덕적, 대인 관계적, 심리·사회적 전환이 일어나는 시기이자 정체감 형성에 대한 과업을 형성하기 위해 노력하는 단계이다. 이 시기에 청소년들은 자기 정체성을 형성해 가고, 또래 집단에 의존하고, 독립성을 갖기 시작하는 단계이다. 죽음과 관련하여 주변 사실들을 인지하며, 죽음에 대한 생물학적인 이해가 증가하는 시기이다. 감정적으로 완전히 성숙하지 못하였기 때문에 부모의 죽음으로 인해 분노를 표출하거나 자극적이고도 위협적인 행동을 보이기 쉽다. 보통 사춘기가 되면 부모에게 반항하고 거리를 두면서 자아를 형성하게 된다. 이 과정에서 심리적인 일체화 상태를 벗어나서 일정한 거리를 두고 자립의 길을 걷기 시작한다.

    청소년기 부모 상실 경험은 신체적 및 정신의학적 문제가 있다고 보고되고 있다. 예를 들면 부모와 사별을 경험한 청소년들은 수면 장애, 섭식 장애, 두통 등 신체적 증상을 호소한다. 또한 부모의 죽음을 자신 또는 타인 때문이라 생각하며 비난하기도 하고 죄책감을 느끼지만, 그러한 감정을 어떻게 표현할지 몰라 정서적으로 혼란을 경험할 수 있다.

청소년기에 부모를 상실하게 되면 자아가 붕괴되고 마음속에 잠재된 분리불안 심리를 갖게 된다. 그들은 죽음에 대한 이유를 알고 싶어 하고 이러한 고통의 의미를 발견하고 싶어 한다. 죽음과 관련된 자신의 느낌과 걱정을 언어나 그림으로 의사소통하려는 경향도 있다. 다른 특징 반응으로는 집중력과 동기의 부족이 나타나며, 사별 이전의 자기 행위에 관한 불안과 자기 비난, 한쪽 부모가 죽은 뒤 남은 식구들에 대한 책임감 증가, 삶의 의미와 목적에 의문을 던지는 자기 성찰이 증가하기도 한다.

물론 청소년기 사별 경험은 경우에 따라 아주 다르다. 죽음 이후 돌봄의 질은 치명적으로 중요하다. 남아 있는 부모나 보호자가 자기 자신의 애도에 짓눌려 그 아이나 청소년을 제대로 돌보지 못한다면 더 복합적인 애도 상태에 빠질 위험이 크다. 또한 대부분 자신이 원하는 것에 대해 복잡한 메시지를 전달한다. 청소년은 사별 경험에서 아무런 영향도 받지 않은 인상을 제시함으로써 자신의 감정 표현을 차단할 수도 있다. 이처럼 청소년기의 사별 경험은 죽음이라는 사건 자체의 충격보다, 이로 인한 정서적 고통과 가족의 구조적 변화가 사별이라는 사건을 충격적인 위기의 경험으로 몰아가게 된다. 어떤 다른 시기보다 청소년기에 사별을 경험한 사람들에 대한 관심이 더욱 필요한 이유가 여기에 있다.

코르(Corr)는 청소년기에 경험하는 사별은 성인이 되어 경험하는 사별과 영향이 다르기 때문에 더욱 관심을 기울여 살펴볼 필요가 있다고 하였다. 이는 청소년기가 신체적, 인지적, 도덕적, 심리·사회적 변화가 일어나는 시기이며 정체감 형성을 위해 노력하는 시기이므로, 이로 인해 청소년들은 삶에서 경험할 수 있는 여러 가지 스트레스에 취약성을 보이고, 특히 사별은 매우 위험한 수준의 위기를 가져올 수 있기 때문이다. 또한 죽음이 예측된 것이든 갑작스런 것이든 부모 중 한 사람의 죽음은 가족 체계에 충격을 주고, 가족 전체의 역동을 변화시킨다. 따라서 청소년기의 부모 사별은 청소년기의 발달 특성과 가족의 변화, 자신의 애도 적응 과정이라는 전반적 맥락에서 이해되어야 한다.

이와 같은 맥락에서 청소년기의 어머니 상실 경험 후 성인이 된 이후에도 여성이 남성보다 적응에 어려움을 더 많이 경험하고 더 큰 애도 반응을 보이는 것으로 밝혀졌다. 한편 스위처(Switzer)에 따르면 청소년기에 어머니와 사별한 여성들이 성인기 발달 과업이라 할 수 있는 결혼 및 양육, 부모됨이라는 책임감, 직장 생활 등 자기 실현의 과제들을 회피하려는 경향이 있다고 한다. 또한 결혼을 하고 출산을 하더라도 자녀 양육에 대해 일반 여성들보다 심리적인 어려움이 더 큰 것으로 나타나기도 하였다. 여성들의 성역할 발달상 어머니-딸 관계를 상기시키는 요인들이 산재해 있고 그 순간마다 상실감과 애도 반응이 지속적으로 나타날 수 있다고 란도(Rando)는 그 배경을 설명하였다.

모친 상실이라는 사건이 대상 상실이라는 의미 외에도 여성들의 정체성 중 큰 부분을 상실시킬 수 있음도 같은 이유일 수 있다. 특히 우리나라의 여성들은 결혼 이후에도 출산과 양육 등의 과정에서 친정 엄마의 지원이 매우 중요한 부분을 차지하고 있는 것이 현실이다. 이러한 사실을 고려했을 때 청소년기에 어머니와 사별한 한국의 여성들은 이러한 현실적 상실감을 경험하는 삶의 순간들이 더욱 빈번할 수 있을 것이다. 하지만 반대로 이혜지(2019)는 애도의 과정이 매우 고통스러웠지만 한편으로는 자기 자신에 대한 성찰 및 성숙한 성격, 독립적이고 자율적인 삶의 태도를 갖게 되어 심리적으로 성장한 것으로 주장하였다고 보고하고 있다. 즉 엄마의 부재 속에서 치열하게 세상을 관찰하고 생존을 위해 투쟁한 결과 훨씬 강인하고 너그러운 자신을 발견하게 된다는 것이다. 이는 단순하게 엄마의 상실이 스트레스 위협으로만 인식되지 않고 경우에 따라 다르게 대처함을 알 수 있다. 이는 무엇이 역경 후 성장을 가져오는지에 대한 논의가 필요한 지점이다.

이 같은 맥락에서 부모 상실 경험은 신체적인 접촉보다 정서적인 보살핌을 받지 못한다는 점이 더 나쁜 영향을 줄 수 있다고 보았다. 따라서 사별 후 남아 있는 부모와 부모 이외의 성인으로부터 어떠한 정서적 돌봄을 받는지가 더욱 중요한 요인임을 알 수 있게 해준다. 더불어 사별을 경험한 청소년에 대한 사회적 지지의 중요성을 보여준다.

아동·청소년이 부모와 사별한 후에 필요로 하는 세 가지는 지지, 양육, 그의 지속성이다. 이 세 가지를 제공하는 것은 생존하고 있는 부모, 특히 남아 있는 아버지에게는 감당하기 힘든 일일 것이다. 사별의 슬픔에 대한 애도는, 아이나 청소년에게 죽음에 대한 감정을 표현할 수 있게 도와줄 수 있는 믿음직한 어른이 항상 곁에 있어 줄 때 가장 효과적으로 촉진된다.

# 3. 성인기 부모 상실

성인기는 단일 발달 시기 중 가장 긴 기간이다. 대부분 학업을 마친 후 사회로 진출하여 직업을 갖고 결혼을 하며 부모에게서 독립해 자신들도 부모가 되는 시기이다. 많은 역할과 책임이 주어지기에 내외적으로 스트레스가 가장 많은 시기이다. 에릭슨은 성인기를 성인 초기(25~45세)와 성인 중기(46~64세)로 구분하였다.

성인 초기의 발달 과제는 의미 있는 타인들과의 관계에서 친밀감을 형성하는 것이다. 이미 확립된 자아정체감을 바탕으로 타인과 융합하며 서로를 이해하고 공감하면 친밀감을 형성하게 되지만, 그렇지 못할 경우에는 고립감을 경험하게 된다. 이때는 청소년기에 비해 죽음에 대한 불안이나 방어가 덜 나타난다. 부모, 동료, 친구, 형제자매 등 가까운 사람들이 질병이나 자연재해, 교통사고 등으로 언제든 죽을 수 있고, 언젠가는 죽는다는 필연성을 인식하기 때문이다. 그러나 다양한 사회활동과 결혼, 출산, 육아 등 생활의 급격한 변화로 인해 죽음을 직접적으로 인식하지는 않는다. 그렇기에 갑자기 찾아온 죽음은 커다란 충격이 되며 상실로 인한 슬픔을 내재화하고 은폐하는 경향이 있다.

성인 중기는 직업적 성취나 자녀 양육, 다음 세대를 위하여 보람을 느끼면서도 생산적인 일을 하고자 한다. 좀 더 나아가 사회에 봉사하고 공헌하며 생산성을 발휘하며 성취감을 느끼기도 하나, 심리·사회적 위기를 잘 성취하지 못하였을 때는 침체감을 맛보게 된다. 일반적으로 신체적, 지적, 사회적으로 최고의 역량을 발휘하며 생산성을 극대화하는 인생의 전성기라고 할 수 있다. 그러나 나이듦을 받아들이고 성장한 자녀를 떠나보내거나, 이혼, 경제적 파탄, 해고 등 각종 위기 상황을 맞이하기도 한다. 또한 이때가 되면 부도의 죽음으로 인해 가장 나이가 많은 세대가 되고 부모나 상사, 동료 등의 죽음에 직면하게 되며, 부고란을 읽을 때 점점 더 아는 이름이 많아지게 된다.

'부모의 죽음은 나의 과거가 죽은 것이고, 배우자의 죽음은 나의 현재가 죽은 것이고, 자녀의 죽음은 나의 미래가 죽은 것과 같다'는 말처럼, 이 시기가 되면 죽음은 갑자기 현실감을 띠게 된다. 자신이 언제든지 죽을 수 있고 언젠가는 죽을 존재라는 인식으로 인해 일생 전체를 조망하기도 하는데, 이로 인해 중년의 위기에 직면하기도 한다.

이에 대해 레빈슨(Levinson)은 "시간의 유한성이 자신에게도 해당된다는 것을 인정하게 되고, 이제까지 이룩한 업적과 포기해야만 하는 일, 은퇴와 죽음에 대해 생각하게 되고, 가치와 우선순위를 재평가하여 남은 세월을 어떻게 하면 최대한 뜻있게 살 수 있을까를 생각하게 된다."고 하였다. 죽음을 자각함으로써 관계를 재정립하고 외적으로 향했던 에너지가 내적으로 향하게 된다. 인생 전체를 돌아보며 용서와 화해를 구하는 등 삶과 죽음에 대해 성숙한 태도를 취하게 된다. 반면, 자신의 죽음으로 인해 가족들이 느낄 상실감이나 슬픔, 미래의 계획이나 목표를 더 이상 지속할 수 없을 것에 대한 염려와 불안을 겪는다.

사별을 경험하고 성장한 성인을 대상으로 종단 연구를 실시한 결과, 여성이 남성보다 부정적인 반추를 훨씬 많이 하며, 적응에 어려움을 경험한 것으로 나타나기도 하였다. 동성 부모의 사별을 경험한 자녀가 심리적으로 더욱 부정적인 영향을 받게 된다는 주장도 있다(Marks et al, 2007). 이는 유년기부터 아동이 대부분 동성 부모를 동일시하고 정서적 유대를 이어가기 때문이다. 마르크(Marks)에 의하면 자녀에게 부모의 죽음은 성인이 되어서도 자신이 잘 살고 있다는 느낌과 회복탄력성에 영향을 미친다고 보고하고 있다. 이러한 사실은 자녀가 성장하면서 발달 단계를 거칠 때마다 그 상실 경험을 되풀이한다는 견해를 뒷받침 해주는 것으로 부모 상실 경험은 평생 가는 상실이라 할 수 있다.

오늘날 전통적 성 역할의 경계가 흐려지고 있음에도 불구하고 여성은 여전히 자녀 양육에서 주도적인 행위자이며 여전히 일차적 애착 대상으로, 어머니의 죽음이 아버지의 죽음보다 개인의 심리적 안녕감에 더욱 큰 타격을 줄 수 있다. 또한 딸이 아들보다 부모 사별에 대해 더욱 강력한 반응을 보인다는 모스와 레스크, 모스(Moss, Resch, Moss)의 연구 결과 또한 이러한 성 역할 관점과 관련이 있는 것으로 보인다.

# 4. 노년기 부모 상실

노년기는 성인기 이후부터 죽을 때까지의 기간이다. 평균수명의 연장으로 건강 상태, 교육 수준, 경제력, 지지 체계에 따라 노년기는 큰 차이를 보이지만 이 시기는 발달 단계의 마지막 장으로 삶의 의미를 재통합하고 평가하는 시기이다. 에릭슨은 노년기의 심리·사회적 위기를 '자아의 통합'으로 보았다. 자아의 통합을 이루면 큰 동요 없이 편안하게 노년기를 보내며 죽음에 대해 두려움 없이 대처하지만 그렇지 못할 경우 지난 생을 후회하거나 죽음을 두려워하게 된다.

노년기에는 사회적으로 역할을 상실하고 경제적인 어려움과 함께, 신체의 노화뿐만 아니라 배우자나 친구, 반려동물의 죽음으로 많은 상실을 경험하는 시기이기도 하다. 노년기는 이미 부모님, 형제자매, 친구, 동료, 자녀, 손주, 반려견 등 다양한 죽음을 목도한 경험과 함께, 사망자의 75%를 노년기에서 차지하고 있는 만큼 자신의 죽음을 받아들이는 것이 일반적이다. 마셜

(Marshall)은 다가오는 죽음에 대한 적응과 준비를 노년기의 주요 적응 과제로 보면서 죽음에 대한 준비는 죽음의 정당화(legitimation of death)라는 과정을 거쳐서 이루어져야 한다고 보았다. 죽음을 정당화한다는 것은 죽음이라는 현실 앞에서 단념하고 포기해 버리는 것이 아니라 다가오는 죽음을 적절하고 타당한 것으로 받아들이는 과정이다.

노년기는 연령의 문제로 부모의 상실 경험은 극소수이지만 수명의 연장으로 노년기 부모 상실 경험이 많아지고 있다. 물론 노년기까지 수많은 죽음을 경험했지만 다른 시기와 마찬가지로 노년기의 상실 경험 또한 충격적이다. 그 반응은 여러 단계로 나타날 수 있으며, 이러한 슬픔과 애도의 단계에는 적응과 위기, 또는 스트레스 과정을 겪게 된다. 특히 오랜 세월 함께 생활해 온 가족의 상실일수록 견디기 어려운 고독감이나 세상을 그만 살고 싶은 충동에 빠지기도 한다. 이에 따라 노년기의 부모를 비롯한 사별 경험은 죽음과 고인하고의 관련된 추억을 어떻게 승화시켜 현재의 삶을 건강하게 살아가게 하느냐의 과업이 남아 있다.

지금까지 에릭슨의 심리·사회적 발달이론에 따라 죽음을 대하는 과정을 살펴보았다. 발달 단계에 따른 심리·사회적 위기가 있으며, 앞선 발달 단계에서 건강하게 위기를 극복하였을 때 다음 발달 단계로 심리적·신체적·사회적으로 순조롭게 넘어가며 내외적 건강성을 확보하게 된다. 매시기마다 적절한 돌봄과 양육이 있을 때 긍정적인 자기 정체성을 형성하고 전인적으로 성장하며 자신의 효능감을 극대화하면서 삶을 영속하게 된다. 이러한 건강한 발전을 도모하기 위해서는 적절한 좌절과 실패가 성장의 필수 요소이다.

발달 시기에 따라 부모의 상실 경험을 인식하는 것은 다르다. 그럼에도 상실 경험은 오랫동안 죽음을 불편하고 부적절한 것으로 인식하게 만들며, 삶 전반에 지속적인 영향을 미칠 수 있다. 발달 시기에 따라 죽음의 형태에 따라 스스로 준비가 가능할지, 주변에서 도움을 주거나 받아야 할지는 알 수 없다. 그러나 확실한 것은 아는 만큼 보이고, 보이는 만큼 준비할 수 있으며, 준비하는 만큼 죽음을 맞이하는 모습은 다른 것이다.

이런 측면에서 사별 슬픔은 극복한다기보다 적응한다는 표현이 어울린다. 실버만(Silverman)과 클라스(Klass)는 사별 과정에 대해 해결보다는 재협상 과정이라고 했다. 와이스(Weiss) 역시 사별로 인한 회복은 단지 사별이란 사실에 익숙해지는 것을 의미할 뿐이며, 회복보다는 적응이나 조정이 적합하다고 하였다.

물론 대개의 경우 일정한 시간이 흐르고 나면 이러한 적응 과정이 이루어지게 된다. 그러나 예견하지 못한 비자발적인 죽음의 상황일 경우에는 그 슬픔의 정도가 더욱 강할 수 있으며, 회복되는 과정에 소요되는 시간이 길어질 수 있다. 또한 치유되지 못한 상처는 가족 구성원과 가족 구조에 위기로 찾아와 또 다른 적응을 필요로 하는 요인이 될 수 있다.

샌더스(Sanders)는 사별 후 적응의 영향 요인을 내적 요인과 외적 요인으로 구분하였는데 내적 요인은 연령, 건강, 성별, 고인에 대한 양가감정, 의존적 행위 등을 의미하며, 외적 요인은 사회적 지지, 경제적 상태, 친구, 종교 등을 의미한다. 내적 요인 중 성별의 경우 여자들이 남자보다 효율적으로 사별의 과정을 겪는것으로 밝혀졌다(Hill, et al., 1996). 이는 여성들이 전통적으로 남자보다 발전된 사회적 체계를 구축하고 있기 때문이고, 그들에게 비탄과 관련해서 깊은 감정을 교류할 지지적인 환경을 만들어 주기 때문이다. 또한, 중요한 외적 요인 중의 하나로 유가족의 사회적 지지망의 존재를 들 수 있다. 유가족을 편안하게 해주고 사랑하는 사람의 사망 후 허무함을 경감시킬 수 있는 친구와 가족의 존재는 사별의 적응을 원활하게 해주기 때문이다.

# 4장

/

# 상실에 대한 반응

세상에 태어난 이상 피할 수 없는 것이 상실과 이별이다. 이는 누가 잘못을 저질러서 받는 벌이 아님에도 불구하고 중요한 대상과의 사별 경험은 우리 도두를 상실의 여정에 떠나게 만든다. 물론 상실의 여정에 따른 반응들은 각기 다를 수 있다. 성격 유형과 애착, 상실에 따른 개처 방식 등 다양한 요인에 따라 그 정도의 차이는 존재한다. 분명한 것은 상실과 사별 경험이 얼마나 오래되었던 당신이 지금 어떤 상황이든 상실과 사별 경험 후에 느끼는 절망과 분노, 증오와 불안, 죄책감은 지극히 정상적이라는 것이다. 아무리 즌비가 철저하고 대처를 잘한다고 해도 상실에 따른 반응은 다르지 않기에 상실에 따른 유사한 감정을 느끼는 커다란 집단으로 한 발 들여놓은 셈이다.

실제 우리는 무엇인가를 좋아하고 사랑하면서 관계를 맺을 때는 상실과 사별 후에 많든 적든 이런 부정적인 감정을 경험할지 모른다는 위험을 감수해야 한다. 사람이든 동물이든 물건이든 어떤 대상에게 마음을 쏟았다면, 누구나 어떤 상황이 발생함으로써 그 대상과 떨어져야 할 때가 오기 마련이다. 어떤 사람들은 감정의 폭류가 상실과 사별 경험 초반에 세차게 오기도 하고, 어떤 사람은 감정적 폭류와 먼 안정적 정서를 유지하다 갑자기 뒤늦게 오는 경우도 있다. 사람마다 상황마다 그 방식은 다양할 수 있다.

간단히 말하면 상실과 사별을 부정하는 단계, 감정이 폭발하는 단계, 이후 새롭게 적응하는 단계로 정리할 수 있으나 그 단계를 명확하게 구분할 수는 없다. 서로 겹칠 수도 있고 뒤섞일 수도 있으며, 각 단계가 중첩되거나 일직선이 지그재그 식으로 앞으로 갔다 싶으면 다시 뒤로 후퇴하기도 하고, 훌쩍 앞서가다가 갑자기 뒤로 주르륵 밀려날 수도 있다. 물론 그때의 시간이라는 변수가 감정의 폭류를 약하게 만들 수는 있으나 그렇다고 모든 것이 해결되는 과정은 아니다. 왜냐하면 중요한 대상과의 상실 경험은 상실 이전의 세계와 상실 이후의 세계로 인식되면서 이전의 온전한 감정을 느낄 수 없기 때문이다.

슬픔도 분노도 불안도 언젠가는 지나갈 것이다. 그래서 어떤 이들은 모든 것을 초월해야 한다고 하지만 몸과 마음을 가진 우리는 초월하고자 하는 마음대로 초월되지 않는 것이 문제이다. 지금 당장 고통 없이 마음의 평안을 얻으면 좋겠지만, 상실과 사별에 따른 반응은 우리에게 필요하고 또 나름의 의미가 있다. 이 과정에서 새로운 의미를 발견할 것이다. 슬픔과 분노는 자신이 상실과 사별 경험을 하고 있다는 살아 있는 반응이며, 자신이 이 과정을 통해 삶의 진실을 찾고자 분투하는 신호이기도 한다. 모든 것이 좋고 선하며 괜찮다고 생각하는 것에 대해 세상은 좋은 것도 있지만 나쁜 것도 있으며, 선도 있지만 악도 있으며, 괜찮은 것도 있지만 괜찮지 않은 것도 있다는 것을 수용하는 과정이다. 결국 상실과 사별 경험에 따른 반응은 이전에 자신이 알지 못했던 세상과 고통받는 자신을 알게 하는 과정이며, 그래도 살만한 세상에 대한 희망과 자신의 새 면모를 발견할 기회를 제공하고, 그 고든 단계를 이겨낼 수 있는 강인함을 선사하는 과정이다.

물론 어떤 이들은 "이런 것들이 무슨 소용 있어."라고 부정하기도 한다. 그리고 상실에 대한 반응을 이해하고 알고자 하는 마음이 없을 수 있다. 그저 자신의 마음이 얼마나 참담한지, 얼마나 비참한지 오직 그 생각뿐일 수 있다. 그럼에도 불구하고 상실에 따른 반응을 이해하는 것은 상실 후에 새로운 환경에 적응하며 자신이 성장하는 더 큰 도움이 된다. 우리가 여행에서 지도나 내비게이션을 가지고 있다면 훨씬 안정적으로 여행을 할 수 있다. 마찬가지로 상실에 따른 반응을 알고 적응한다면 상실과 사별 경험에 속수무책으로 당하지 않을 것이며, 자신이 지극히 정상적임을 알게 될 것이다. 또 자신의 감정과 생각을 잘 이해하면 그 감정과 생각을 긍정적으로 바꿀 수도 있을 것이다.

사별 경험에서 일어나는 핵심 감정은 슬픔, 분노, 죄책감, 불안, 외로움 등이다. 뇌과학을 연구하는 사람들에 의하면 감정은 고대 인류의 두뇌에도 존재했던 것으로 단순히 골칫거리가 아닌 다양하고 복잡하며 무엇보다도 인간 진화에 유용했다고 한다. 사람들마다 생존의 가장 중요한 단서가 감정이었으며, 이러한 감정적 단서를 이해하고 교환하는 것이 고대로부터 이어지는 선천적 능력이며, 사건에 따른 다양한 감정 반응은 인간 행동의 핵심적 역할을 담당하기 때문이다. 이에 상실에 대한 핵심 감정을 정리해 보고자 한다.

# 1. 슬픔(Sadness)

상실 후에 가장 광범위하게 일어나는 감정은 슬픔이다. 물론 어떤 상실에 따라 어떤 사람이나 상황을 탓하기도 하지만 사랑하는 대상을 잃으면 슬픔에 빠진다는 것은 자명하다. 특히 장례를 치르는 과정에서 유족들에게서 나타나는 가장 일반적인 감정이며, 이 과정에서 슬픔을 표현하지 못해 이후 어려움으로 호소하는 사람들도 있다.

슬픔은 순수한 의미에서 체념적 감정이다. 더 이상 어찌할 수 없기에 슬픔은 시선을 내부로 돌려 스스로 상황을 파악하고 적응할 수 있게 한다고 한다. 슬픈 음악을 들려준 사람과 그렇지 않은 사람들 간의 기억의 오류를 실험한 결과, 슬픈 상태의 사람들이 기억의 오류 실험에서 오류를 덜 경험한다고 한다. 즉 실수를 덜하고 자신의 능력이나 일에 대한 수행에서 좀 더 정확하게 한다는 것이다. 이러한 측면에서 슬픔은 주의를 내면으로 돌려 온전히 집중하게 하고 더 깊이 있게 자신과 상황을 성찰하게 하는 기능이 있다고 할 수 있다.

온통 일과 과제에 몰두했던 사람들이 사랑했던 대상과 사별 경험을 하면 지난 모습이 정지된 상태가 될 수 있다. 정지한 상태에서 그 대상과의 기억과 추억을 곱씹으며 다시는 어리석은 선택으로 이러한 상황에 빠지지 않아야 한다는 것에 대한 깨달음을 얻는다. 즉 상실 후에 애도 과정에서 사별을 부정하고 애쓰려는 마음을 내려놓게 하고 그 상실을 받아들이게 만드는 도구로서 슬픔만큼 유용한 것이 없다고 한다. 그리고 이 같은 가슴 아픈 깨달음을 통해 상실 이전의 시간과 상실 이후의 시간은 달라질 수밖에 없음을 받아들이게 한다. 이처럼 슬픔은 사별 경험에 적응하게 만드는 기능도 있다.

슬픔은 울음으로 표현된다. 물론 과도한 울음은 에너지를 소모하게 만들어 정상적인 기능을 작동하지 못하게 만들지만, 또한 그 울음을 통해 다른 사람들로부터 동정적이고 보호적인 반응을 불러일으키기도 한다. 얼굴이 축 늘어지고, 눈썹과 눈꺼풀은 푹 꺼지고 우는 소리를 통해 주변의 사람들은 애도자가 도움을 요청하는 모습으로 인지한다. 슬픈 표정은 주변 사람들의 동정, 이해, 도움을 구하는데 효과적인 행동으로 경쟁적인 행동의 정상적인 규칙을 보류하는 사회적 정황을 형성하는 신호라고 해석할 수 있다.

그럼에도 불구하고 사별을 경험한 애도자들은 슬픔, 특히 슬픔의 강도에 대한 두려움을 가지고 있다. 사람들이 "나는 장례식에서 슬픔을 느낄 수 없었어요."라고 말하는 것을 듣는 것은 드문 일이 아니다. 여전히 어떤 사람들은 과도한 활동을 통해 슬픔을 막으려고 노력하므로 그 슬픔이 혼자 있는 밤에만 나오기도 한다. 문화적인 측면에서 슬퍼하고 우는 행동을 자제하는 문화에서 자란 사람들은 이러한 주장에 동조하고 너무 과도한 슬픔에 빠지는 것을 경계하기도 한다. 그러나 슬퍼하는 사람을 보면 우리도 슬퍼지듯이 슬픔은 지극히 정상적이며 타인의 고통에 대해 연민의 뇌를 작동한다는 것으로 슬픔은 자연스럽고 보편적인 감정인 것은 분명하다. 문제는 눈물을 흘리건 혹은 흘리지 않으려 하건 간에 슬픔을 경험하지 못하게 하는 것은 종종 복잡한 비탄에 빠지게 만든다는 것이다.

## 2. 분노(Anger)

　분노는 상실한 후에 자주 경험되는 감정으로 슬픔만큼 중요한 감정이며, 유족들에게 가장 혼란스러운 감정 중의 하나이다. 실제 애도 과정을 연구하는 사람들의 주장에 따르면 상실 후에 가장 자주 나타나는 감정이 슬픔이지만, 분노의 감정도 이에 못지않게 오랫동안 지속되는 감정이라 할 수 있기에 애도 과정에서 많은 문제의 근원이 되고 있다.

　애도 과정에서 분노는 자신이 사랑하는 대상의 죽음을 막기 위해 아무것도 할 수 없었다는 것에 대한 좌절감에서 오는 것이 있고, 상실 후에 일어나는 일종의 어린 시절로의 퇴행 경험에서 오는 것도 있다. 상실 과정에서 아무것도 할 수 없다는 점에서 분노는 그것을 되찾기 위한 분투의 과정이며, 어린 시절로의 퇴행 경험은 아이가 어머니와 공원에 놀러갔을 때 갑자기 어머니가 사라졌다면, 아이는 어머니가 돌아올 때까지 공포와 불안감을 느꼈을 것이다. 그래서 어머니를 찾은 아이는 애정 어린 반응보다는, 어머니를 세게 잡아끌며 때렸을 것인데, 이때 어머니에게 화를 내는 행동은 "다시는 나를 떠나지 마!"라는 메시지를 표현한다고 말할 수 있다.

중요한 대상 상실 경험에서 분노는 사별 스트레스를 풀어내는 해독제의 역할을 한다. 실제 애도 과정에서 분노를 표출하는 정도에 따라 사별 스트레스도 감소하는 것으로 나타났으며, 이는 언어뿐만 아니라 신체 반응에서도 유의미한 결과를 나타냈다. 사별 경험에 대한 건강한 적응을 위해 애도자들이 겪는 분노를 확인하고 그에 맞게 표현된다면, 분노를 표현하지 못하는 사람들보다 스트레스 호르몬 수치를 낮춰 사별 후 적응에 도움이 된다는 것이다.

또한 분노는 진화의 산물로 본래 자신을 타인의 위협으로부터 지키는 대처기제로 발달되어 왔기에 유용한 기제라고 할 수 있다. 사실 사별 이후 고인의 죽음이 사고나 유산 문제 등 사회적 법적 문제에 휘말렸을 때, 분노는 누군가로부터 위협에 대한 대처기제로 유용하다는 것이다. 이러한 분노는 상실 이후 달라진 사회관계에 적응하게 하고 분쟁에 대처할 수 있는 동력을 만들어 내며 달라진 가족 관계 속에서 자신을 보호하는 데 도움이 될 수 있다. 이처럼 분노의 핵심 기능은 스스로 방어 태세를 갖추게 하는 것으로 상실 후 슬픔으로 인해 쇠약해진 감정을 분노의 감정을 통해 앞으로 닥칠 난관에 스스로 대비하게 만든다는 것이다. 이처럼 분노는 스스로를 자각하게 하며 스스로 살아갈 수 있는 의식을 끌어올리는 데 도움이 되는 기제이다.

문제는 분노의 적절한 강도 문제이다. 분노는 종종 분개라는 감정으로 전화(轉化)되기도 한다. 분노의 강도에 따라 분개라는 강력한 분노의 감정도 있고 짜증 같은 가벼운 분노도 있다. 그런데 분개와 같은 감정은 감정의 문제를 넘어서 올바른 판단을 해치고 행동의 결과로 원치 않는 결과를 맞이할 수 있으며, 신체에도 영향을 미친다.

분노의 감정이 분개까지 치솟으면 보복하고 싶은 충동으로 이어지며 보복을 위한 공격은 다시 역습을 불러일으킬 수도 있다. 이것은 보통 원한을 낳고 문제 해결과 협상에는 좋지 않은 분위기를 조성한다. 우리를 분노하게 한 어떤 사람, 즉 배우자, 자식, 상사, 동료 등을 역습함으로써 우리는 우리에게 매우 중요한 개인 간의 문제 해결을 일시적으로 또는 영원히 막아 버릴 수도 있다. 또 분노와 그 표현인 공격적 태도는 인간관계에 독이 될 수 있다.

분노는 종종 비효과적인 방법으로 다루어지는데, 그중 하나는 타인에게 향하는 분노이며 또 하나는 자신에게 향하는 것이다. 오랜 투병이나 사고로 죽은 경우 유족들은 타인에게 화를 내거나 죽은 사실 자체를 종종 비난한다. 만일 어떤 사람이 어떤 죽음에 대해서 비난받을 만한 짓을 했다면 그 죽음에 그 사람은 책임이 있고, 따라서 그 상실은 막을 수 있었다는 논리로 비난의 화살을 멈추지 않는 것이다. 그 대상이 의사가 될 수도 있고, 가족이 될 수도 있으며 사고를 일으킨 사람이 될 수도 있다. 심지어 자신이 믿는 신이나 고인을 탓할 수도 있어 기존의 행동 방식에서 180도 반전하여 새로운 문제 행동으로 나아갈 수 있다. 자신을 향한 분노는 좀 더 부적응적 반응으로 나타나는데 자신에게 침잠해서 심각한 우울증과 자살 행동으로 발전하기도 한다. 자신을 비난하는 사람들은 좀 더 많은 슬픔을 경험했고 그 상실의 현실을 받아들이는 데 어려움을 겪었다. 그들은 고인과 애착을 지속하는 방법으로 추억하기보다 고인과 연결된 죄책감을 붙잡는 경향이 있었다.

그럼에도 분노의 표현이 꼭 해로운 결과만 낳는 것은 아니다. 분노는 때때로 우리 뜻대로 일을 이루는데 효과적으로 이용되기도 한다. 우리는 가끔 위협적인 몸짓까지 동반하여 놀라울 정도로 강력하게 화를 표현함으로써 다른 사람들에게 충격이나 위협을 주어 굴복시킬 수 있다. 그렇게 해서 비록 나중에는 반격을 당한다 할지라도 일단은 다른 사람들이 하는 일을 통제할 수 있다. 분노는 또 다른 사람이 예상치 못한 상태에서, 우리가 어떤 일에 대해 얼마나 강하게 느끼고 있는지에 대한 개인적 정보를 제공할 수 있다. 분노를 표현하기 전에는 상대는 우리가 감정이 상했다는 것을 전혀 느끼지 못했을 수도 있다. 또 우리는 화가 났다는 것을 깨달음으로써 자신에 대해서도 배울 수 있다. 사람들은 또 분노를 느낄 때 자신이 의롭다고 느낄 수도 있고, 자신에게 만족할 수도 있다. 마치 "모욕당하고, 무기력하고, 우울해 하기 보다는 화를 내는 게 더 좋아."라고 혼잣말을 하는 것처럼, 분노는 때때로 기분 좋게 느껴지기도 한다. 그래서 우리는 그 감정을 우리의 행동으로 고양시켜 다른 사람들을 맹렬히 공격한다. 그렇게 해도 안전한 것처럼 보일 때는 특히 자주 그렇게 한다. 그러나 때로는 그 결과를 생각지 않기도 한다. 또한 분노는 장기적이고 건설적인 노력에 동력을 제공할 수도 있다. 자신에게 비판적인 사람들에게 자신이 무능하고 게으른 것이 아니라 유능하고 적응적으로 분투하는 모습을 보여주는 것이 그 예이다. 그리고 분노로 인해 장기적인 복수를 위한 계획을 세우는 것은 분노 자체보다 더 오래 남는 유용한 기술을 얻거나 인상적인 업적을 만들어 낼 수 있는 동기가 될 수도 있다. 문화적 관점에서 보면 인간사에서 분노는 불가피한 것이며, 또 그것은 반드시 표현해야 하는 것이다. 분노를 표현하지 않을 경우에는 불가피하게 쌓이고 곪아 병을 일으키기 때문이다.

# 3. 죄책감과 수치심(Guit and Shame)

　　죄책감 및 자책감은 유족의 일반적인 경험이며 슬픔 결과에 영향을 미칠 수 있다. 충분히 친절하지 않았거나, 더 빨리 병원에 데려가지 않는 것에 대한 죄책감과 자책감, 그리고 비슷한 것들이 자주 보여진다. 일반적으로 죄책감은 자신의 행위가 잘못되었다고 느낄 때 드는 감정이라면, 자책감은 자신의 결함으로 잘못에 대하여 깊이 뉘우치고 자신을 책망하는 마음을 말한다.

　　죄책감은 죄라는 의식에서 비롯되는 감정으로 자신이 고인의 죽음에 영향을 끼쳤을 가능성이 있을 때 누가 시키거나 보지 않아도 스스로 괴로워하는 것으로 정의된다. 이러한 죄책감과 자책감은 상실과 사별 경험을 자신과 관련된 죄로 인식하는 것으로 양심에 의해 촉발된다고 할 수 있다. 실제 양심은 오랫동안 축적된 인류 공통의 문화적 유산이기도 하고, 가깝게는 부모로부터 전수받은 도덕적 기준이기도 하다. 유족들이 죄책감을 느끼는 것은 지금의 상황이 죄라는 것을 인식하고 상실 과정에서 자신을 바라보게 하고 책임지게 만든다. 물론 죄책감은 달갑지 않은 감정이긴 하지만, 자신의 행동을 성찰하고 바라보게 함으로써 지금의 이 사태를 해소하기 위한 행동에 나선다는 점에서 애도에서 중요한 감정이다. 죄책감을 느낌으로써 다시는 이러한 반복된 행위에 빠지지 않도록 다짐하며 보편적, 윤리적인 덕목을 지키기 위한 행동으로 나서게 한다.

이런 죄책감은 애도 과정에서 필요한 감정이긴 하지만 문제는 죄책감이 지나칠 때 문제가 될 수 있다. 지나친 죄책감이 불러오는 부작용들이 있다. 지나친 죄책감은 자책을 넘어서 수치심으로 전환되곤 하는데, 이럴 때 애도 과정은 혼란에 빠지고 내면의 어느 곳으로 향하면서 타인의 시선에 지나치게 몰입하며 스스로의 결함과 무가치함으로 귀결되곤 한다. 우리 사회에서 남성 배우자를 상실한 여성을 미망인(未亡人)이라 하는데, 한자 뜻으로 풀이하면 '미처 따라 죽지 못한 사람'이란 뜻이다. 남편이 죽으면 그 부인은 마치 죄인이라도 된 것처럼 살아야 된다는 것으로, 고대 중국에서 남편이 죽으면 부인도 산 채로 따라 묻히는 '순장 제도'의 유산으로 지어진 말이라고 한다. 이러한 죄책감의 유산은 알게 모르게 문화적 전통에 숨겨져 있어 건강한 애도를 방해하곤 한다.

실제 건강한 죄책감은 문제를 해결하기 위한 노력을 기울이는데 비해 병적인 죄책감은 위장된 수치심으로 죄책감을 느끼는 행동에 대한 자책이 수치심으로 변화하곤 한다. 물론 죄책감과 수치심을 구별하는 것이 혼란스러울 수도 있다. 특히 그 두 감정이 문화적이고 개인적인 유래 때문에 그럴 수 있다. 도덕성과 개인적 이상은 둘 다 우리의 내적 기준들과 관련이 있는데, 이 기준들은 어린 시절에 사회와 어른들, 특히 우리를 기른 사람들과 접촉한 경험에서 파생되는 것이기 때문이다. 우리는 어렸을 때 그런 식으로 "좋은" 사람이 되는 것을 배웠다. 여기서 좋다는 말은 당연히 모호한 것이다.

또한 도덕적 가치와 개인적 이상들에 맞추어 살았는지 아닌지 우리에게 말해 주는 것이 내적인 목소리이기 때문에 혼란이 생긴다. 물론 내적인 목소리라는 것은 편리한 비유일 따름이다. 이 가치와 이상들은 사회의 특징들로 존재한다. 그러나 그것들은 개인에 의해 내재화되며, 그럼으로써 그 개인적 관점의 일부를 이룬다. 프로이트는 죄책감과 수치심 둘 다의 원천이 정신의 단일한 작용, 즉 슈퍼에고(super ego)라고 했다. 이 슈퍼에고는 성장 과정에서 발생한다. 그러나 도덕적 가치와 개인적 이상 두 가지가 관련되어 있는 만큼, 말하자면 각기 다른 내용을 가진 두 개의 별도의 목소리가 작용할 수도 있다. 실제 죄책감을 경험할 때와 수치심을 경험할 때, 우리의 주관적 경험과 우리가 보여주는 행동은 서로 다르다. 두 경우 모두 내적인 고통이 있지만, 고통의 종류는 다르다. 죄책감일 경우 우리는 공적으로 우리 죄를 씻지만, 수치심일 경우 우리는 그것을 남들에게 감춘다.

수치심을 연구한 정신분석학자 헬렌 루이스(Helen Lewis)에 따르면, 수치심의 발달 뒤에 놓인 위협은 비판, 거부, 포기 등이다. 이것은 아이가 기대에 못 미쳤을 때 상상하는 벌이다. 아이는 그의 부모, 가족, 공동체로부터 거부당하는 것을 두려워했던 것이 분명하다. 대부분의 경우 포기의 위협은 공개적이라기보다는 암시적으로 나타난다. 그러나 부모들은 때때로 잔인하게 아이에게 그 말을 직접적으로 할 수도 있다. 예를 들어, "너는 부끄러운 줄 알아야 해. 더 잘하지 못하면, 너를 포기할 거야." 이런 식으로 말 하는 것이다. "이제 제대로 행동하지 않으면, 나는 너 때문에 죽을 거야. 너는 내가 없어진 다음에야 미안해할 거야." 수치심에서 개인적인 좌절은 자신의 개인적 이상 또는 에고 이상에 맞추어 행동하지 못했다는 것이다. 이것이 이 감정의 극적인 플롯이다.

이처럼 수치심을 느끼는 사람은 스스로가 문제라고 생각하기에 애도 행위에 나서기보다는 감추며 스스로를 용서할 수 없는 사람으로 낮은 자존감, 우울증, PTSD의 원인이 되기도 한다.

실제 수치심을 느끼는 사람들은 상실한 과정에서 자신의 어려움과 사회적 지지를 호소하는 데 어려움을 겪는데 자신의 부족함이 타인에게 해를 끼치게 될까 봐, 또 타인을 실망시킬까 봐 두렵기 때문이라고 한다.

상실 경험은 한 인간에게 비상 상태이다. 가보지 못했던 길을 떠날 때 주변 사람들의 도움을 주고받는 경험은 대체로 모두에게 이롭다. 혹시 사람들에게 부담을 준다거나 누군가를 실망시킬 가능성에 대한 지나친 두려움 때문에 사회적 지지나 도움을 요청하지 못하고 있다는 것은 지나친 죄책감이 수치심으로 전화된 것이 아닌지 생각해 보는 것도 좋을 것이다. 실제 상대가 도움을 요청할 때 대부분의 사람은 자신의 능력껏 기꺼운 마음으로 요청에 응한다고 한다. 도움을 요청받는다는 것은 '능력'을 인정받고 있다는 뜻이며, 자신이 쓸모 있는 사람이라는 증거가 되기 때문이다. 실제 상부상조하는 활동을 통해 자존감과 행복도가 향상되는 현상 또한 같은 이유에서다. 따라서 죽음 당시 발생한 일이나 방치된 일에 더한 죄책감이 드러날 때 대부분의 경우 죄책감은 비합리적인 것으로 '현실성 검사(reality testing)'를 통해 완화된다. 물론, 그 사람이 정말로 죽음을 초래했다면 죄책감이 될 수 있다. 이러한 경우 '현실성 검사'와는 다른 개입이 요구될 수 있다.

# 4. 불안(Anxiety)

상실 후에 오는 불안은 가벼운 불안부터 강력한 공황 발작에 이르기까지 다양하다. 실제 우리는 불안할 때 긴장을 풀지 못한다. 그리고 현재 상황에서 또는 우리 인생에서 뭔가 잘못되고 있다는 느낌을 경험한다. 불안은 여러 가지 측면에서 독특한 감정이다. 그 극적인 플롯은 불확실한 위협이다. 우리가 당할 수도 있는 피해의 정확한 성격이나 규모를 모른다는 것이다. 그것이 현실화될 지, 그것을 어떻게 해야 할지 모른다. 그 밑에 깔린 위협은 추상적이고 모호하기 때문에 더 복잡한 감정으로 비화될 수 있다는 것이다. 상실 이전에도 삶을 살았으며 이후에도 삶을 살아갈 것이다. 문제는 이전에 세워 왔던 가정이 무너진 상황에서 이제 '자신의 정체성을 어떻게 규정할 것이며, 이후 삶을 어떻게 풀어 나갈 것인가'라는 문제들이 드러난다는 것이다. 이런 측면에서 불안은 심리적이기도 하지만 실존적 문제이다. 물론 우리를 불안하게 만드는 구체적인 위협은 사람마다 다르다. 불안은 인간 존재의 보편적 특성으로 불안을 느끼지 않는 사람들은 없다. 불안은 늘 오고 가며 어떤 사람에게는 약하며 드물고, 어떤 사람에게는 강하게 반복되는 만성적인 것일 뿐이다.

애도 과정에서 불안은 두 가지에서 오는데 첫 번째는 애착과 관련된 불안으로 사별 경험자 스스로 자신을 돌볼 수 없을 것이라는 두려움으로 부모를 상실한 자녀들이 자주 하는 말이 "이제 부모 없이 살 수 없을 것"이라고 언급한다.

두 번째는 개인적 죽음에 대한 자각으로 고양된 감각과 관련이 있다. 즉 사랑하는 대상의 죽음에 의해 이제 자신도 앞서 간 대상의 죽음처럼 언젠가 죽을 거라는 불안이 밀려오면서 극단적 불안은 전면적인 공포로 발전할 수 있다. 여기서 불안과 공포를 비교해 본다면 공포는 우리의 신체적 행복에 대한 구체적이고 갑작스러운 위험과 직면하는 것인데 위험이란 상해, 또는 죽음이 닥쳐올 것이라는 전망을 뜻한다. 공포는 예리하고 강렬하지만 지속 시간이 짧은 감정으로 위험이 지나가면 사라진다. 반면, 불안은 공황으로 상승하는 특별한 경우를 제외하면 그 강도가 낮거나 보통이다. 대신 괴로운 상태가 만성적으로 유지되거나 계속 되풀이되는 특징이 있다.

실존주의 철학자들은 무나 비존재가 불안의 기본적 원천이라고 강조한다. 일종의 심리적 죽음이다. 결국 우리의 신체적이고 심리적인 존재의 종말을 가져오는 죽음의 불가피성은 불안의 궁극적 기초이다. 우리는 어떤 식으로든 이 불안에 대처를 해야 하지만, 즉각적인 위협을 잡아내는 것은 실제적으로 어렵다. 불안은 닥쳐올 어떤 사건이다. 구체적으로 병의 결과, 평가받을 일, 비판이나 사회적 비난을 받을 가능성이 있는 사회적 상호작용 등인데, 모두 불확실한 위협이라는 특징을 가지고 있다. 그 위협의 뒤에 숨어 있는 개인적 의미는 실존적이다.

사람들은 그들이 직면하는 상황, 개인적인 목표, 평생에 걸쳐 얻게 된 그들 자신과 세상에 대한 믿음 등으로부터 이런 의미를 구성한다. 그 위협에 대처하는 방법에는 여러 가지가 있다. 혹시 일어날지도 모르는 일에 대비할 수도 있다. 그런 위협에 대해 아예 생각하지 않을 수도 있다. 위협을 감소시키는 새로운 의미를 구성할 수도 있다. 이런 면에서 불안이나 두려움은 애도자의 생존에 도움이 되는 자극이며, 위협의 근본 원인이 국지적이며 대처 가능한 것임을 알게 될 때 문제를 해결하고 생존하는 기제로서 작용하게 된다.

그러나 불안에 지나치게 민감한 사람들은 두려움이나 공포증으로 전환하며 문제를 일으키는 위협에 근본적으로 대처하기 어렵기에 여러 증상을 일으킬 수 있다. 불안에 대한 민감성으로 무엇이 일어날지, 언제 일어날지, 우리가 어떻게 그것을 처리할지를 모두 불확실하게 만들어 버리기 때문에 적절하게 대처할 수 없을 뿐만 아니라 사별 스트레스를 해소하는 데도 별로 도움이 되지 않기 때문이다.

사실 불안은 직면함으로써 대처할 수 있다. 무엇인가 스멀스멀 불안하지만 막상 그 대상과 맞닥뜨리면 나름 대처기제를 통해 불안 작업을 하면서 처리한다. 불안보다 더 힘든 것은 '불안에 대한 불안'으로 머릿속에서 떠오르는 불안을 통해 공포심에 사로잡히며 쉽게 불안한 감정을 전염시킨다. 그러나 불안을 직면함으로써 텅 빈 마음을 불안으로 채우지 말고 텅 빈 마음을 내적 공간의 감각으로 느끼면서 불안에서 만들어진 생각 또한 허상임을 깨달을 필요가 있다.

# 5. 외로움과 공허감(Loneliness and Emptiness)

외로움은 유족들, 특히 배우자를 잃었거나 가까운 일상 관계에 익숙했던 사람들에 의해 자주 표현되는 감정이다. 외로움은 혼자 있는 것에 만족하지 못하고 자신을 인정하지 못하는 감정으로, 상실 이전에는 문제를 늘 해결해 준 사람이 곁에 있었는데 갑자기 사라지면서 외로움이 생기게 된 것이다. 사람들은 혼자이기 때문에 외롭다고 하지만 혼자 살아도 외로움을 느끼지 않는 사람도 있기에 혼자라고 해서 외롭다고 할 수는 없는 것이다. 외로움이란 말과 함께 중년을 넘어서면 사람들은 '홀로서기', '홀가분'이란 단어를 좋아하고, 오히려 가족들과 함께 살 때보다 혼자서 생활하는 것이 더 좋다고 말하는 것을 보면 혼자 있는 것과 외로움은 구별되는 것이다.

그럼에도 불구하고 상실 후에 사람들은 외로움을 느낄 수밖에 없다. 늘 함께 했던 사람이 사라졌기 때문이다. 삶의 한 부분이었고 항상 곁에 있었으며, 버팀목이었던 사람이 사라졌으니 삶의 본질인 고독감을 경험하지 못한 사람에겐 상실은 강제적으로 외로움을 수업하게 만드는 기제라 할 수 있다. 외로움은 관계 상실을 통해 본래 혼자였음을 자각하게 하는 과정이며, 새로운 상황에 적응해야 한다는 신호이기도 하다. 대상관계에 따르면 유아가 어머니와의 공생 관계에서 벗어나 분리 개별화를 통해 스스로 독립성과 자율성을 성취하는 개체로 성장한다. 어린 시절에는 가족과 함께, 결혼 후에는 배우자와 삶을 살아가는 사람들은 혼자서 삶을 살아본 적이 없기에 상실과 사별 경험을 통해 외로움이라는 감정을 통해 홀로서기라는 혹독한 삶의 실존을 경험하는 과정이기도 하다.

외로움은 순간적인 외로움도 있고 일시적인 외로움, 만성적인 외로움도 있다. 또한 정서적 외로움, 사회적 외로움, 실존적인 외로움으로 구별할 수 있다. 이처럼 다양한 외로움을 이해하는 것은 자신을 이해하는 척도이기도 하다. 사실 사회적 지지로 사회적 외로움에 도움이 될 스 있지만, 단절된 애착 관계로 인한 정서적 외로움을 달래지 못한다. 특히 어린 시절 애착 문제로 발생한 정서적 외로움은 안정되고 사랑스런 접촉을 통해서 해소될 수 있다. 실제 부모로부터 온전한 사랑을 받지 못한 자녀가 만성적인 공허감과 외로움으로 관계 중독에 빠지거나 끊임없이 파트너를 바꾸어 가며 성에 열을 올리는 것도 이와 관련성이 있다. 이것은 특히 부부 사별과 노인들 사이에서 종종 그러하다.

외로움과 비슷한 감정이 공허감이다. 외로움이 주로 관계에서 오는 것이라면, 공허감은 알 수 없이 밀려오는 불안하고 초조한 감정으로 무엇인가 자신의 중심이 빠져나간 감정을 느낀다. 배우자 사별 경험을 한 여성은 상담 중에 자신의 상태를 '바다에 둥둥 떠다니는 뗏목'으로 비유하며 아무런 목적 없이 표류하며 혼란스럽다는 감정을 호소하였다. 즉 상실과 사별 후에 현재뿐만 아니라 미래의 삶도 공허하고 덧없을 거라는 생각에 빠졌기 때문이다. 왜냐하면 이 여성에게 사랑하는 사람 없이 살 수 있다는 것은 상상할 수 없기 때문이다.

이에 비해 외로움은 슬픔과 그리움 또는 다른 사람들과 함께하고 싶은 욕구가 있는 것이 특징이다. 이처럼 갈망이 존재하는 것은 외로움이지만 공허감은 아무것도 느끼지 못하며 갈망이 없다고 한다는 측면에서 비슷한 감정이면서도 구분되는 감정이기도 하다. 시인이었던 알퐁스 드 라마르틴(Alphonse de Lamartine)은 사랑하는 줄리를 잃은 후 '이 광활한 우주에서 원하는 것이 아무것도 없다'라고 썼다. 또한 그는 '감정 없는 영혼은 매력도 기쁨도 알지 못한다', '정처 없이 헤매는 혼령'처럼 세상을 응시하고 '시든 나뭇잎'처럼 세상이 바람에 흩날리는 상상을 하곤 했다고 한다.

실제 상실과 사별 경험으로 촉발된 감정이 외로움이라면 공허감을 동반하는 감정인지 아니면 관계에서 오는 감정인지 구별할 필요가 있다. 공허감이라면 어린 시절 유기 경험으로 촉발된 것에서 기인하는 것이기에 더 많은 시간과 전문적인 개입이 시사되기 때문이다. 사실 외로움은 상실 후에 거쳐야 할 통과의례일 수도 있다. 이 감정을 느끼고 표현을 통해 더욱더 자율성과 독립성을 가진 사람으로 성장한다. 사실 애도 과정에서 느끼는 감정은 생소할 수 있지만 상실 여행을 통해 더 많은 것을 배우라고 일러 주는 안내이자 가이드일 수 있기 때문이다.

# 5장

## 애도심리학

사랑과 상실은 동전의 양면과 같다.

상실의 위험을 감수하지 않고는 사랑 또한 가질 수 없다.

_ Parkes, 2006

대부분의 사람들에게 사랑은 가장 심오한 기쁨의 근원이다. 그래서 사랑하는 사람의 죽음은 가장 격심한 고통을 안겨다 준다. 물론 사랑하기 때문에 상실은 당연히 슬퍼한다고 주장할 수도 있지만, 여기서 몇 가지 질문을 던지게 된다. 사랑은 무엇이며 상실은 무엇인지? 사랑과 상실의 관계는 어떻게 되는지? 남녀 간의 상실 경험과 부모와 자녀간의 상실 경험은 어떻게 다른지? 만약 사랑하지 않는다는 사람들에게 상실을 어떻게 설명해야 할 지 수많은 질문을 던지게 된다.

이러한 사랑의 관점에서 애도를 설명한 선구자는 프로이트이다. 그는 리비도(사랑의 본능)를 중심으로 애도작업 이론을 제시했으며, 그 이후 애착이론, 대상관계이론, 유대감이론 등 다양한 애도심리학이 나왔으며, 이에 대한 논의는 지금도 활발히 이루어지고 있다.

프로이트는『애도와 멜랑꼴리아(Mourning and Melancholia)』에

서 사랑을 대상에 대한 리비도의 투여로 보았고, 애도는 대상에 투여되었던 리비도를 자아로 철수하는 과정으로 설명하고 있다. 그는 글에서 "애도는 수행해야 할 과업을 가지고 있다. 그것의 기능은 살아남은 자의 기억과 희망을 죽은 자로부터 분리시키는 것이다."라며 애도 작업(grief work)을 제시하였다.

한 걸음 더 나아가 이 글에서 정상적인 애도 반응과 병리적인 애도 반응을 구별하였는데, 사랑하는 사람과 관련된 상실에서 어떤 사람들은 시간이 지나면서 애도를 통해 다시 정상 생활로 돌아오지만, 어떤 사람들은 멜랑콜리 등 우울증으로 가라앉는지에 대한 질문을 던졌다. 프로이트는 정상적인 애도 반응과 달리, 병리적인 애도 반응으로서 멜랑콜리는 정신증적 문제로써 무의식과 연결되어 있다고 가정하는데 우울증 환자는 "자기 자신이 상실한 것을 의식적으로 지각할 수 없기 때문이다(1917e)." 애도와 멜랑콜리 모두 "사랑하는 사람의 상실, 혹은 사랑하는 사람의 자리에 대신 들어선 어떤 추상적인 것, 즉 조국, 자유, 어떤 이상(理想) 등의 상실에 대한 반응"이라는 점에서는 같지만, 사랑의 대상과 주체의 관계를 놓고 보면 이야기는 달라진다는 것이다.

프로이트는 정상적인 애도 작업은 사별로 인한 슬픈 현실을 부정하거나 회피하지 않고 직면하여, 죽음의 순간과 그 이전의 사건들을 검토하고 사별의 현실을 의식 안으로 가져와서 고인과의 분리를 시도하는 과정이다.

이에 비해 병리적인 애도는 정상적 애도를 밟지 못하고 죽음의 책임이 자신에게 있다고 믿거나 그 죽음을 부인하고 고인의 혼령이 자기 속에 들어왔다고 믿어 자기도 고인과 같은 병에 걸렸다고 믿는 것이다. 병리적인 애도는 상실한 대상과의 완전 동일시나 대상에 대한 양가적인 태도가 전면에 나타난다. 사랑과 증오가 교차적으로 나타나고 죽음을 슬퍼하다가도 자기를 혼자 두고 떠난 대상을 원망하기도 하며 죽음의 책임과 죄의식에 빠지다가 죄의식에 대한 방어로 공격성이 드러나기도 한다.

이후 헬렌 도이치(Helen Deutsch)는 "애도의 부재(The Absence of Grief)"라는 글을 통해 애도 작업에서 상실에 대한 자연스런 반응인 애도라는 감정의 해소가 충분히 이뤄지지 않아서 우울증이 발생하였다고 하였다. 즉 사별자들의 애도의 부재가 병리적인 애도로 가는 것이라고 보았다. 이러한 통념은 애도의 중요성을 강조하는 개념으로 발전하였는데, 이는 이후 임상과 의학계를 중심으로 비탄 증상과 애도 기간에 대한 연구를 통해 병리적 비탄(pathologic grief), 복잡한 비탄(complicated grief) 등 병리적인 애도와 증상의 평가에 반영되고 있다.

이후 상실과 관련해 애도 심리에 자주 인용되는 이론은 볼비의 애착이론과 클라인(Klein)의 대상관계이론, 클라스, 실버만, 닉만(Nickman)의 지속성 유대감 이론 등이다. 이에 대한 소개를 하면 다음과 같다.

# 1. 볼비의 애착과 애도

애착이론으로 유명한 볼비는 아동 클리닉에서 치료를 받고 있는 아동들에 대한 관찰을 통해 자신의 이론을 정립하였다. 그는 아기가 엄마에게 애착을 갖는 이유가 젖을 먹이는 등 생물학적 욕구 문제라는 프로이트의 애착이론에 비판적이었다. 오히려 동물행동학을 통해 아기는 선천적으로 엄마나 모성과 같은 존재에 애착을 갖고 정서적 유대를 형성하고자 하는 모성애착본능(monotropy)이 있음을 주장하였다. 이는 1950년대 할로(Harry Harlow)의 원숭이의 대착 실험을 통해 생물학적 욕구만큼 접촉을 통한 위안을 추구하는 유대감이 본능적임을 확인하면서 볼비의 애착이론이 더욱 지지를 받았다.

볼비는 '이러한 유대관계의 본질은 무엇이고, 어떻게 발달하는가?'에 관심을 가지면서 애착이론을 발전시켰다. 그는 애착을 특정한 사람과의 지속적인 정서적 유대감이라고 하였다. 애착은 개인의 생활에서 가장 최초로 나타나는 발달 현상으로 인간은 친밀한 관계를 맺고자 하는 욕구와 관련이 있는데, 이러한 욕구는 생존 능력이 없는 유아가 성인 양육자의 보호로 생존의 확률을 높이려는 동기에서 진화된 행동 방식이라는 것이다.

물론 애착은 내적 심리 체계의 존재를 가정하지만 전적으로 심리적인 것만을 강조하는 것이 아닌 공간적 개념으로 설명한다. 즉 누군가에게 애착을 갖는 것은 그 사람과 가까이하고 싶고, 접촉을 하고 싶은 마음이 강하다는 것이며, 특히 고통스러울 때 그 사람을 선호한다는 것이다. 예를 들어 사랑하는 사람과 가까이 있으면 기분이 좋고, 멀리 떨어져 있으면 불안하거나 슬프거나 외로움을 경험하게 된다. 하룻밤 집에서 떨어져 있는 아이는 낮 동안은 행복하게 잘 지내다가 잠잘 무렵에 집을 그리워하면서 고통을 느낀다. 즉 상황에 잘 적응하며 살아갈 수 있는 안전한 상태의 접근성이 확보된 공간이 애착 관계에서는 필수적이다.

볼비는 인간관계에서 '애착, 돌봄, 성'이라는 세 가지 기본 "행동 체계"를 제시하였다. 애착은 안전과 안정을 위해 의지하는 행동 체계를 말하며, 돌봄은 지지하고 응원을 통해 자신을 확인하는 행동 체계를 말하며, 성은 강한 끌림으로써 일체감을 느끼는 행동 체계를 말한다. 이 중 아이와 엄마와의 애착 관계를 "항상성의 원리"로 설명하였다. 즉 상황에 잘 적응하며 살아갈 수 있는 애착 완성(consummation)의 필수 조건은 안전성과 접근성으로 보았다. 실제 애착은 성인이 되어도 지속되는 인간의 본질적인 면으로 애착이 성인에게는 더 이상 어린 시절과 같은 방식으로 나타나지는 않지만 일생 동안 지속적으로 영향을 미친다. 청소년기에는 특별히 부모로부터 분리(detachment)하려고 하지만, 여전히 부모의 집은 중요한 정착지이며 일과 탐험을 허락하는 안전기지 역할과 보호막을 제공하는 애착 공간이 된다.

이런 측면에서 애착은 생의 초기부터 보호와 안전 욕구에서 나오며, 중요한 타인과의 애착의 형성으로 확대 발달하여 생애주기에서 유지된다. 애착 관계는 다음과 같이 네 가지의 공통적 특징이 있다.

첫째, 근접성 유지(proximity maintenance)이다. 이는 언제나 애착 대상과 가까이 있기를 원하며, 접촉을 통해 서로 어디에 있는지 확인하고, 상대방에게 언제든지 다가가고 받아들임으로 존재를 확인한다.

둘째, 애착 대상은 정서적 지지와 보호를 제공하는 안전한 피난처(safe haven)이다. 아이가 위험을 느낄 때 어머니에게 찾아가 위로와 도움을 요청한다. 이처럼 애착 대상은 위로와 안녕감을 주는 안전한 피난처 역할을 한다.

셋째, 애착 대상은 안전 기지(secure base)로 세상을 탐색하고 활동하는 기반이 된다. 어머니는 아이가 어려움에 처할 때마다 보호받을 수 있는 안전한 피난처이며, 안전감으로 세상을 탐색하고 활동하게 만드는 안전 기지이다.

넷째, 애착 관계에 있는 대상과 이별하게 되면 분리 고통(separation distress)을 경험한다. 애착 대상과의 이별이 예상될 때 불안감을 느끼며, 애착 대상의 상실은 슬픔과 우울을 유발한다. 특히 사별은 죽음을 통한 애착 대상의 상실이기에 비탄과 고통을 촉발한다. 부모와 이별했거나 사별한 아이들은 어른 못지않게 갈망이나 저항, 절망감, 냉담, 위축 등의 정신적 고통과 고뇌를 느낀다고 하였다. 실제 부모와의 사별 경험이 끼치는 영향이 장기적으로 매우 심각해서 신경증이나 청소년 비행으로 이어질 수 있으며, 성인이 되어서도 정신질환을 가져올 수 있다고 보았다. 그는 여러 사례에서 부모로부터 아이를 떼어 놓을 때 미묘한 메커니즘이 파괴된 것을 목격하였으며, 엄마와 아이를 연결시키는 근본적인 유대 관계가 붕괴되었음을 보았다.

볼비는 『애착과 상실(Attachment and Loss)』에서 인간의 사랑과 이별에 대한 애도이론을 제시하였다. 그는 어린 시절의 애착 경험이 이후의 인간관계와 성격을 형성하는 기반이 된다고 하였다. 전 생애에 걸쳐 지속되는 부모와 자녀 관계, 강력한 정서적 교류가 있는 부부나 친지의 경우에는 사별 이후에도 관계가 지속되는 독특한 정서가 있으며, 특히 사별처럼 애착 대상과의 결속이 위협받거나 파괴될 때 사별자는 상당한 스트레스 상황에 있게 된다고 하였다. 볼비의 애도단계이론은 다음과 같다.

첫째, 충격과 마비(shock and numbing)로 모든 감정을 억압하거나 현실을 부정하는 감각적 정지 상태가 된다. 오히려 냉정해지며, 감정을 표현할 수 있을 때까지 이러한 상태가 유지된다. 마치 눈에 보이지 않는 벽으로 둘러싸인 '정신적 마비', '정신적 차단 상태'이다.

둘째, 그리움과 탐색(yearning and searching)은 원래 있었던 상태로 돌아가려고 하는 노력이다. 고인이 다시 나타날지도 모른다는 희망감에 구석구석 살펴보고 이 방 저 방을 돌아다니는 일종의 '강박 행동'을 보인다. 이러한 추구 행동은 상실 대상을 다시 찾아 재결합하고자 하는 시도로, 고인에 대한 시각적 이미지가 자주 떠오르는 것은 시각과 청각의 단서를 잘못 해석하도록 유도함으로써 고인의 음성과 모습을 추구하는 강력한 '지각적 설정'이라고 하였다.

셋째, 혼란과 절망(disorganization and despair)은 내적 세계를

동요 상태로 이끈다. 이러한 상태를 프로이트는 상실한 대상과의 동일시에서 보았고, 클라인은 유아기 시절 겪었던 실패와 버림받은 상태로 퇴행한 것으로 이해하였다. 이러한 우울 상태는 불안과 죄의식으로 뒤섞여 분간할 수 없으며, 비탄 과정을 통해 안정적 정신세계가 위협을 받아 과거의 내적 세계의 재등장으로 현실 복합적인 내적 반영의 일부가 되었다고 보았다.

넷째, 재정립(reorganization)은 고인과의 관계를 새로운 방식으로 재정립하는 것으로 애착 대상의 죽음을 수용하는 것이다.

볼비는 사랑하는 대상과의 사별 경험을 '분리불안'이라고 보았다. 분리불안은 상실에 대한 통상적인 반응으로 저항(protest), 절망(despair), 거리두기(detachment)를 일반화하였다. 맨 처음에 나타나는 반응은 울기, 소리 지르기, 발버둥 치기, 빠져나가려고 애쓰기, 매달리기 등이 있다. 저항은 분노와 두려움, 당황한 마음을 직접 표현하는 것이며, 이후 절망 상태에 빠진다. 아이는 마음을 가라앉히고 타인과의 관계에서 분리를 하며 스스로 안정을 찾으려 한다. 이러한 분리 후에 일정한 시간이 지나면 다시 사람들에게 반응하기도 하고, 아니면 최악의 상태로 빠지기도 한다.

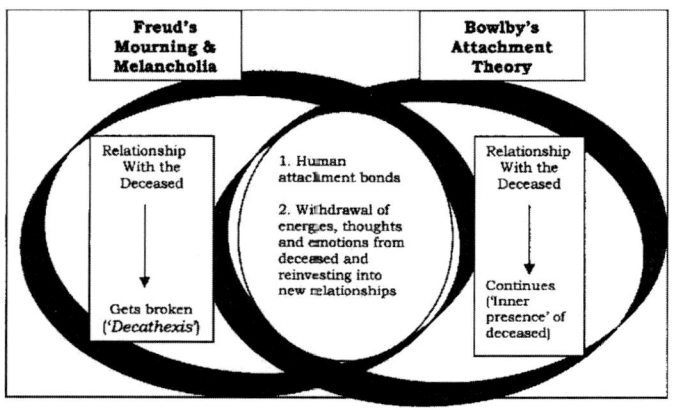

Figure 1.1. The hypothetical graph depicting differences between principles postulated by Freud (1925) and Bowlby (1973, 1960) in the conceptualisation of grief. The ovalshaped area in the middle represents an overlap... Expand

[그림 3] 프로이트와 볼비의 애도

볼비는 여기에서 방어적이고 병리적이라고 여기던 몇 가지 반응 요소가 건강한 애도에서 흔히 보인다는 사실을 발견했다. 고인을 그리워하고, 추구하는 행위는 병리적인 반응이 아닌 애도 반응으로 이해한다는 것이다. 애도자는 고인이 다시 나타날지도 모른다는 희망을 가지고서 이곳, 저곳 구석구석을 살펴보거나 둘러보고 이 방과 저 방을 돌아다니는 일종의 강박적 '반복 행동'을 보이는데, 이를 잃어버린 대상을 다시 찾아 재결합하려는 시도로 보았다. 마치 3개월 된 아기가 엄마의 발소리에 기민하게 반응하며 엄마의 미소 띤 인사를 받을 때까지 시야를 불안하게 살피는 것처럼 사별한 사람은 필사적으로 죽은 이와 관련된 형태를 좇으려 한다고 본 것이다.

이러한 애도 과정은 아동뿐만 아니라 성인에게도 동일한 형태로 나타나고 있음을 설명하고 있다. 이처럼 볼비는 슬픔에 젖은 애도 반응을 분리불안의 특별한 형태로 보았으며, 프로이트와 달리 애도자는 이미 사라지고 없는 대상을 아주 잊어버리려 하는 것이 아니라, 기억과 추억을 통해서 애착 대상을 추구하며 위안을 받는다는 것의 '지속적인 유대'를 언급하였다.

프로이트의 애도 작업은 고인과의 유대 단절과 분리를 목표로 했다면, 볼비는 애도단계이론에서 고인을 그리워하고 추구하는 과정을 애도 과정에 넣음으로써 프로이트 애도이론과는 차별적인 특징을 갖게 된다. 고인에 대한 추구 활동은 사랑하는 사람을 만나기 위해 따라 죽고 싶다는 자살 충동으로 이어지기도 하는데, 이때 애도자의 감정은 애착 대상의 부재에 따른 외로움이다. 이때 느끼는 외로움은 아무리 다른 사람들이 위로해 준다 한들 애착 대상이 남긴 감정적 공백을 채울 수 없다. 실제 애착 대상은 구체적 대상이었기에 그 대상이 수행했던 역할을 다른 사람이 채울 수 없다는 것이다. 실제 애착은 대상과의 관계에서 오직 둘만이 공유한 경험과 기억에 관한 것이기 때문이다.

이러한 점에서 볼비의 애착이론은 현대적 애도 관점의 모티브나 지향점을 같이 하고 있다. 실제 애도 과정에서 애착 대상의 상실을 충분히 수용한다는 것은 쉽지 않기에 상실한 대상에 대한 기억을 완전히 지울 수 없으며, 어떤 계기나 자극이 고인을 떠올리며, 언제든지 애착 욕구와 슬픔을 일으킬 수 있기에 고인과의 애착이 단절되는 것보다 지속적 유대가 사별자가 적응하는 데 도움이 된다고 할 수 있다.

## 2. 클라인의 대상관계와 애도

대상관계이론에서 '대상'은 어떤 사람이 말하거나 행동을 할 때, 그 리비도를 행사하는 주체의 상대적 개념으로서 주로 인간 존재(human being)를 의미한다. 대상은 내적 대상과 외적 대상으로 구분된다. 내적 대상은 외부 대상과 관련되어 심리적으로 경험되는 심리적 표상으로 외부 대상의 이미지, 생각, 환상, 감정, 기억 등을 말한다. 이에 비해 외적 대상은 사회환경 내에

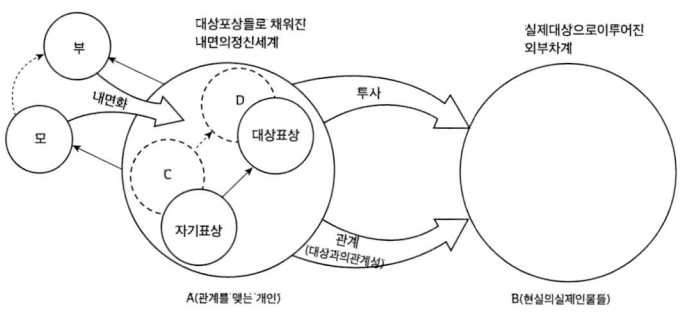

**[그림 4] 대상관계**

있으면서 직접 관찰이 가능한 실재하는 사람, 사물, 장소 등을 말한다.

대상관계는 기본적으로 타자와의 관계를 반영하는 것으로 대상표상(object representations)과 자기표상(self representations)을 갖게 되는데 대상표상은 대상에 대한 자기 안의 이미지를 말하며, 자기 표상은 대상 표상에 대응하는 개념으로 자신에 대한 심리적 이미지를 말한다. 대상표상이란 불편한 상황에서 애착 대상이 자신의 감정을 인정해 주고 함께 해준다는 인식으로 타자에 대한 기본적인 신념, 기대, 감정 등을 포함한다.

아동이 애착 대상을 통해 '괜찮다'라고 느껴진다면 긍정적 대상표상을 갖게 되고, '괜찮지 않아'라고 느껴진다면 부정적 대상표상을 갖게 된다. 이는 이후 대인관계에서 타자에 대한 기본적인 심리적 이미지를 구성한다. 자기표상은 애착 대상과의 관계 경험을 바탕으로 내면화된 자신에 대한 신념, 기대, 감정 등을 포함한다. 아동이 애착 대상을 통해 긍정적 자기표상을 갖게 되면 평온함이나 안정적 애착이 형성되지만, 부정적 자기표상을 갖게 되면 불안함과 두려움의 원천이 된다. 이에 비해 자기(self)는 스스로 느끼는 자신과 관련된 의식적이고 무의식적인 정신적 표상을 말하며, 자아(ego)는 지각과 인지, 충동 통제, 감정 조절 등 일련의 정신 과정을 지칭하는 것으로 자기 이미지와 대상 이미지, 연관된 감정을 관찰하고 성찰하는 등 자기와 관련된 기능을 수행하는 역할을 맡는다.

대상관계이론은 기본적으로 타자와의 상호작용을 중시하며 타자들과의 내면적 관계의 토대 위에서 병리학과 인격 발달을 설명한다. 즉 프로이트는 인간 존재에 대해 본능적 에너지인 리비도 이론을 가지고 바라보았다면, 대상관계이론에서는 마음과 정신의 구조들을 지닌 존재라는 점에서 커다란 차이가 있다. 정신 구조라는 것이 생물학적으로 발생된 긴장에서 만들어진 것이 아니라, 관계를 만들고 유지시키고자 하는 욕구에 의해 동기화되는 것으로 인간의 일차적 동기가 인간 접촉에 대한 욕구라는 것이다.

아동정신치료가인 멜라니 클라인은 인형, 진흙, 그림 등 비언어적 기법들을 사용한 놀이 치료에서 아이들을 관찰한 결과 "아주 어린 아이들의 정신 분석을 통해서 유아는 대상과 상관없는 본능적 충동, 불안 정신 과정이란 존재하지 않는다."라고 말했다. 그녀에게 "대상관계는 정서적 삶의 중심"이다. 유아에게 있어서 사랑과 미움, 환상, 불안, 방어들이 처음부터 작용하고 있으며, 대인관계를 구성하는 데 더 많은 시간을 쏟고 있음을 발견한 것이다. 중요한 인물들에 대한 내적 표상들이 정신을 만들어 내는 내용물이라고 보았고, 이 내면적 세계는 인간관계의 세계가 되는 것이고, 다른 어떤 형태보다도 아동의 내적 세계를 구성하는 기반이 된다고 하였다. 실제 아동에게 엄마와의 관계가 가장 중요한 관계가 되며, 이 관계는 너무나 강력하여 세상의 수많은 상호작용을 포함할 수 있기에 모든 관계의 원형이라 할 수 있다.

　클라인은 "조울 상태의 심리발생론에 대한 기고"(A Contribution to the Psychogenesis Depressive States, 1939)에서 아동의 심리적 성장과 발달에 있어서 생후 초기 과정이 매우 중요하다고 주장했다. 왜냐하면 아동의 환상 속의 내적 대상 및 생후 첫 몇 해 동안 아동이 내면화된 대상들을 구조화하는 방식이 심리적 성장과 발달에 필요하다는 인식과 연결되어 있기 때문이다. 그녀는 불안을 편집 불안과 우울 불안으로 구분했다. 유아가 처음 관계를 맺는 대상은 부분 대상으로서 어머니의 젖가슴이 된다. 이 부분 대상은 아이의 욕망의 대상이 되는 이상적인 젖가슴과 증오와 공포의 대상이 되는 박해의 젖가슴이다. 클라인은 유아가 태어날 때부터 타고난 공격성으로 인해서 불안을 경험하고 방어기제를 사용할 수 있을 정도로 충분히 발달한 상태로 보았다. 하지만 이 초기 자아는 매우 약하고 통합되지 않은 상태에 있기에 불안에 직면하여 파편화되고 해체되는 경향이 있다.

유아는 삶이 시작되면서부터 사랑 본능과 죽음 본능 사이에 투쟁이 시작된다. 사랑 본능에 의해서 자아는 분열되고, 죽음 본능을 밖으로 투사해 버린다. 유아의 이러한 경험 체계를 '편집-분열 자리'라고 명명하였다. 편집-분열 자리는 태어나서 4개월까지 지속되는데, 유아는 애착 대상을 긍정적인 면과 부정적인 면으로 분리하여 생각한다. 사랑과 배려를 해주는 좋은 대상(좋은 젖가슴)과 반대로 실망과 좌절을 주는 나쁜 대상(나쁜 젖가슴)으로 나눈다. 이 단계에서는 유아가 자아와 타인을 완전하게 구분하지 못하고, 자신의 감정을 극단적으로 경험하며, 대상에 대한 긍정적, 부정적 감정을 동시에 느낄 수 있다.

편집적 자리는 유아의 피해의식에 의해 생긴 불안으로 유아가 타인과 관계를 맺는 데 어려움을 겪는 경향이 있으며, 세상에 대한 불안과 불신감을 느낄 수 있다. 분열적 자리는 대상에 대한 긍정적 감정과 부정적 감정을 동시에 느끼지만, 이를 통합적으로 경험하지 못하고 각 감정을 분리하여 생각하는 것으로 불안과 두려움에 대한 방어로서 좋은 젖가슴과 나쁜 젖가슴으로부터 자신을 분리시키려는 분열을 지칭한다.

4개월부터 2년 초까지 유아는 편집-분열 자리에서 초기의 우울 자리에 들어오고, 이 시기의 유아는 완전히 좋은 대상, 완전히 나쁜 대상이 존재하는 것이 아니라, 한 대상이 좋은 대상 혹은 나쁜 대상이 된다는 것을 깨닫고 통합하려고 한다. 이는 유아의 통합적 인식 능력이 자라면서 엄마를 하나의 전체적인 존재로 인식한다는 의미이다. 그러므로 유아는 더 이상 엄마를 좋고 나쁜 대상으로 분리하는 대신 하나의 전체로서 경험하게 되면서 편집적 불안이 줄어들게 된다. 하지만 편집-분열 자리를 벗어나게 되자 새로운 공포를 경험하게 된다.

편집-분열 자리에서의 공격성은 주로 나쁜 젖가슴의 증오스런 관계에만 제한되었다면, 이제 유아가 경험하는 것은 젖가슴이라는 부분 대상이 아니라 엄마라는 전체 대상(whole object)이다. 유아의 환상 속에서 파괴되는 것은 좌절의 공급자이기도 하고, 선의 공급자이기도 한 전체 대상으로서 엄마이다. 유아는 자신을 좌절시키는 전체 대상을 파괴할 때 보호자와 피난처를 함께 제거해 버리게 된다. 이처럼 자신의 공격성이 사랑하는 대상을 파괴했다는 공포와 죄책감을 클라인은 '우울 불안'이라고 이름을 붙이고, 유아가 전체 대상을 향하여 사랑과 미움을 동시에 느끼는 경험 체계를 '우울적 자리'라고 명명하였다.

애도에 대한 클라인의 임상적 이해는 죽음, 이별로 인한 대상 상실에만 해당되는 것이 아니라 사랑하는 대상에 대한 우리 자신의 공격성에 대한 후회의 아픔을 가리킨다. 후회의 애도 (mourning of regrets)는 자기-파괴로 인한 자기-상실의 애도를 포함한다. 프로이트에게 애도와 멜랑콜리는 밀접하게 연관이 되어 있으면서도 구분되는 것으로서 애도는 건강한 반응이고, 멜랑콜리는 병리적인 반응이다. 멜랑콜리의 중요한 발생 원인은 엄마와의 관계에서 어린 시절의 불쾌한 경험이 나중에 생애 어느 부분에서 상실한 애정 대상에 대한 병적인 내사를 통해 리비도가 구강기(oral phase)에 고착되어 구강기로의 리비도 퇴행이 일어나기 때문으로 본다.

클라인은 프로이트의 이런 가설에 동조하였지만 심리성적 발달 단계로 나누지 않고 이유기 이전을 '편집-분열 자리(para-noid-schizoid position)', 이유기를 '우울 자리(depressive position)'라고 부르면서 이유기 때에 어린아이가 가질 수 있는 우울감은 우울 자리의 주요한 모습이고, 우울 자리 자체가 원래 멜랑콜리한 성격을 지닌다고 말하였다. 클라인은 병리적이든 정상적이든 유아기 이후 모든 애도 과정에서 유아기의 우울 자리가 재확인된다고 말하고 있는 것이다. 유아가 엄마라는 대상과의 불쾌한 경험이 성인 우울증의 발생 원인이라고 볼 때, 좋은 대상을 내면 세계에 정립하는데 성공한 유아의 경우는 성인이 되어서 애도의 자리에서 성공적인 애도를 할 수 있다는 것이다. 그러므로 유아에게 중요한 것은 실제 경험과 심리적 환상 사이에서 실제적 경험보다 유아가 주체적으로 느끼는 내적 대상이 더 중요한 것이 된다.

이처럼 좋은 대상인지, 혹은 나쁜 대상인지에 대한 유아들의 관심사는 이후 복잡한 인간 정신을 구성하는 데 영향을 끼친다. 좋은 대상과 나쁜 대상에 대한 관심은 개인이 자신을 바람직하다고 느끼는 감정과 밀접하게 연결되어 있다. 이것은 자신이 수용 받을 만한 존재인지, 아니면 그 반대로 수용 받지 못하는 존재인지에 관한 것이 된다. 그러므로 심하게 유기되거나 박탈의 경험을 한 아기들은 커서도 정신 발달에 심각한 장애를 가져올 수 있다고 보고 있다. 클라인은 1940년 "애도와 조울 상태의 관계(Mourning and its relation to Manic-Depressive states)"라는 글에서 애도에서 중요한 것은 어머니- 아동 관계에 대한 관심이라고 하였다. 이 관계가 중요한 이유는 앞에서도 언급하였듯이 아동기 초기에 엄마와의 관계에서 무의식적 차원의 정신을 통해 이뤄지는 아동의 삶을 구성하고 있는 것이 모든 성인의 성격에 중요한 경로이기 때문이다.

클라인에게 있어 애도 작업은 외적 세계의 대상의 부재를 재발견하는 일 뿐 아니라, 애도자의 내면 세계에서 최초의 사랑하는 사람과 동일시되었던 내적 대상들의 상태를 돌아보는 일을 포함한다. 최초의 애도 과정에 성공했던 사람들은 거듭해서 애도를 성취할 수 있지만, 그렇지 못한 사람들은 실패를 반복한다는 것이다. 만약 사별한 사람이 그의 발달 과정에서 우울적 자리의 불안을 극복하지 못한다면, 애도 작업을 수행할 수 없으며, 그 결과로 병리적인 애도가 야기될 것이라는 것이다.

클라인이 엄마와의 원초적인 관계를 성인의 애도 관계와 연결시키면서 애도에 있어서의 진정한 치료는 심리적임을 강조하고 있는 것은 유아들도 애도하고 우울의 단계들을 경험하고 있기 때문이고, 유아들이 그와 같은 때에 반응하는 양상이 나중에 성인이 되었을 때 상실에 반응하게 되는 방식의 결정 요인이 된다고 보기 때문이다.

그러므로 성인의 애도 상황은 유아의 시기를 함께 살펴보아야 할 필요가 있다. 실제 애도는 유아기 때의 상실감을 다루면서 사라진 외적 대상을 심리적 내면에서 인정하는 것이어야 한다. 또한 대상에 대한 사랑과 증오를 통합해내는 과정이 필수적이다. 사랑하는 대상을 잃었을 때 그 대상이 이상화되고 그 대상에 대한 증오와 공격성이 자신에게로 향한 자책감과 죄책감이 나타나는데, 여기서 중요한 과제는 대상에 대한 증오와 공격성을 직면하고 다시 한 번 그러한 증오를 대상에 대한 사랑 안에서 극복하는 것이다.

상실한 자를 인정한 이후 점차로 상실한 대상으로부터 비롯되는 정서들을 회복하고 초기 죄책감은 진정한 죄책감으로 발달할 수 있고, 그 죄책감을 통과하는 과정을 통해서 그 대상을 회복해낼 수 있고 온전히 떠나보낼 수 있다. 이후 새로운 대상관계를 형성해 나감으로써 애도가 마무리된다고 본다. 즉 창자를 끊는 것 같은 후회의 아픔과 죄책감의 고통을 견디는 것을 통해서만, 사랑과 증오의 싸움에서 사랑이 승리하는 것을 통해서만 내적 대상을 온전히 회복해낼 수 있고 건강한 우울 자리로 도달할 수 있다.

클라인은 이러한 고통스런 애도 과정 마지막에 회복 충동(reparation impulse)이 출현한다고 하는데, 이 충동은 죄책감을 창조적 에너지로 손상 입은 것을 회복시켜 내고 죽은 대상을 다시 살려내는 작업을 한다. 이러한 점에서 클라인의 대상관계적 애도 개념은 엄마의 부재 경험을 확인하며 애도 작업을 통해 궁극적으로 아이의 내면은 건강하고 좋은 대상으로 충만하게 되고, 그 결과 감사함과 사랑이 넘쳐나게 됨을 강조한다는 점에서 의미가 있다.

# 3. 클라스의 지속성 유대와 애도

볼비는 애도의 마지막 단계를 '거리 두기'라고 했다가 '재정립'
이라는 용어로 대체하면서 고인과의 유대 관계를 지속하면서
도, 동시에 고인이 없는 세상에 적응하여 살아갈 수 있다고 생
각했다. 이처럼 포기하지 않고 유지되는 고인에 대한 애착을 '지
속성 유대'라 한다. 사실 이 개념은 완전히 새로운 개념이 아니
다. 사실 결혼한 부부 사별 연구에서 미망인이 사망 후 몇 년
동안 사랑하는 사람의 존재감을 유지했다고 언급했으며, 학령
기 자녀들은 죽은 부모와
의 지속적 유대를 유지하
는 것을 볼 수 있다. 프로이
트의 고인과의 단절이 애도
과업이라는 주장과 달리 대
부분의 사람들에게 고인과
의 지속성 유대는 긍정적인

**[그림 5] 지속성 유대**

경험이었다.

클라스, 실버만, 닉만은 "지속적인 유대: 새로운 슬픔의 이해 (Continuing bonds: New understandings of grief)"(1996)에서 사별 경험자들이 애도 과정에서 살아 생전 고인의 모습이나 성격을 정신적으로 재현하는 패턴을 적극적으로 재구성하며 고인과 심리적으로 연결되어 있는 상태를 지속하려는 노력을 '지속성 유대감(continuing bonds)'이라고 정의하였다. 유대감 지속성의 지표로서 사별을 경험한 개인들은 애도 과정에서 자연스레 고인의 삶을 회상하고, 고인에 관한 이야기를 하며, 고인의 사진을 들여다보기도 하고, 고인의 유품을 소지하며 사용한다.

여러 연구에서 이와 비슷하게 유대감 지속을 나타내는 증거들을 제시하는데, 고인이 중요시하던 가치를 행하거나 고인을 기리는 행사를 할 수 있고, 고인과 대화하듯이 말하는 시도를 하기도 하며, 고인의 긍정적 및 부정적 성격을 내재화하여 자신의 정체성을 새롭게 형성하기도 한다. 이외에도 꿈이나 악몽을 꾸는 형식으로 유대감 지속이 나타나기도 한다. 이처럼 애도 과업이 고인과의 관계를 분리하고 끊어야만 새로운 관계를 맺는 것이 아니라, 고인과 유대감을 유지하려는 노력이 중요하다고 했다. 고인과의 분리, 흘러가게 둠, 잊는 것과 반대로 일상생활 중에 고인과의 관계를 반추하고 기억을 내면화(internalization)하는 적극적인 노력이 중요하다는 것이다. 이들은 고인과의 관계가 사별 이후에도 지속될 뿐만 아니라, 발달 과정과 주변 환경에 따라 변화 및 진화할 수 있다고 주장한다. 따라서 슬픔의 극복은 관계가 끝나는 것이 아니다. 단지 대상이 더 이상 물리적으로 존재하지 않는다는 사실이 달라질 뿐, 고인과의 심리적 유대감은 인간의 발달과 환경의 변화와 함께 그대로 유지되기도 하고 형질이 달라질 수도 있다는 것이다.

실제 이러한 고인과의 지속적 유대는 심리적 변화로써 역동적이며, 지속적인 존재감을 통해 위로와 평온을 주고, 지원하며 과거에서 미래로의 이동을 수월하게 한다는 것이다. 지속성 유대감의 예로 일상에서의 반추와 기억 내면화, 내면화된 존재감을 통한 위로와 평온, 미래로 나아가도록 돕는 긍정적 영향 등을 들 수 있다.

프로이트의 애도과업이론은 고인에 대한 집착을 단절하고 다른 새로운 관계를 시작하는 것이 애도의 마무리라는 입장이 애도자들을 더욱 방어적이고 인위적인 기준으로 각 개인의 애도 과정을 병리적으로 혹은 부적응적으로 바라보게 유도할 수 있는 위험이 있다는 것이다. 사실 유교 영향으로 고인을 기리는 제사, 성묘 등에 온 가족들이 모여 고인을 추념하는 것은 흔히 볼 수 있는 풍경이며, 자녀를 잃은 부모가 자녀를 추억하는 유대감 지속은 개인적인 애도 방식의 한 형태이기에 설득력이 있는 입장이다.

클라스와 동료들(1996)은 이와 같은 지속성 유대감은 세 가지의 심리적 기제로 인해 나타난다고 주장한다.

첫째, 사별 초기에 부재, 분리, 사망의 영구성 수용이 어려운 심리적 상태일 때 유대감 지속은 고인을 간절하게 되찾고 싶은 욕구로 표현될 수 있다. 이러한 표현은 죽음 자체를 수용하지 못한 심리적 상태에서 비슷한 사람을 보고 고인이라고 착각하거나, 특정 장소에 가면 고인이 있을 것이라는 희망을 가지며 물리적 근접성을 회복하려는 노력으로 나타날 수 있다.

둘째, 고인이 된 애착 대상과의 물리적 근접성을 회복하려는 노력이 반복적으로 좌절되면 사별 경험자는 서서히 사별이 되돌릴 수 없는 현실이라는 것을 받아들이게 된다. 돌이킬 수 없는 현실을 수용함으로써 개인은 정서적으로 더욱 강렬한 무기력과 우울감을 경험하게 된다.

셋째, 고인의 죽음을 완전히 수용하는 동시에 사별 경험자의 현재와 미래에 긍정적인 영향이 있을 것이라는 인식으로 인해 고인과 새로운 형태의 관계를 수립한다. 고인과의 유대감 지속은 사별 전후 삶의 의미를 재구성하여 과거를 가치 있는 재산으로 유지하도록 하는 한편, 사별 후로 변화된 정체성이지만 안정적으로 자리 잡고 적응적인 일상생활이 가능한 긍정적 애도를 돕는다. 긍정적인 지속적 유대를 유지할 수 있다면, 고인의 심리적 표상도 실존하는 애착 대상의 표상만큼이나 여러 발달 과정에서 안정감과 안전감을 제공할 수 있다

유대감 지속에 관심 있는 비교적 최근 연구자인 루트와 엑스라인(Root & Exline, 2014)은 애도 과정을 다루는 심리 치료에서 내담자가 유대감 지속을 어떤 차원에서 경험하고 있는지를 파악하는 것이 효과적인 개입에 성공할 수 있다고 주장한다.

첫째, 특수성의 차원은 구체성과 모호성을 구분 짓는다. 유대감 지속의 구체성이 드러나는 예는 고인과 닮은 사람을 보고 고인이라고 여기는 것이나, 고인의 혼이나 목소리가 실재하는 것 같은 경험이다. 유대감 지속의 모호성은 고인이 실재한다는 착각의 근거가 없는 것으로 고인이 어딘가에 존재할 것만 같이 막연하게 지각하는 것이다.

둘째, 고인과의 심리적 근접성이다. 유대감 지속의 어떤 형태는 고인과의 간접적이고 심리적 거리가 느껴지는 것으로, 한 예로 자녀의 이름을 고인의 이름으로 정하거나 고인의 유품을 소장하고 사용할 수 있다. 반면, 고인과의 직접적이고 심리적으로

근접하는 유대감 지속은 여러 상황들에서 고인에게 혼잣말로 대화하듯 말하거나, 기도하듯 도움을 요청하는 형태로 나타날 수 있다.

셋째, 유대감 지속의 시간적 차원은 유대감 지속이 과거 지향적인지, 아니면 현재와 미래 지향적인지를 구분한다. 예를 들면, 과거 지향 유대감 지속은 사별 전에 고인과 공유했던 경험에 대해 회상하거나 이야기하는 것이고, 현재와 미래 지향 유대감 지속은 사별 후 변화된 개인의 정체성과 신념으로 바라보는 고인과의 새로운 관계이자 앞으로 계속 진화 및 변화할 수 있는 관계에 대한 조망이다.

넷째, 유대감의 소재는 유대감이 내적 또는 외적으로 지속되는지를 구분하는 차원이다. 어떤 사별 경험자들은 고인에 대한 기억을 내적으로 간직하고 반추하며 유대감을 계속 유지하는 반면, 다른 개인들은 죽음을 수용하지 못해 지속적으로 고인의 환시, 환청을 경험하며 외적으로 부적응적인 애도를 할 가능성이 있다. 그러나 고인에 대한 기억을 내적으로 간직하는 것을 내적 소재라고 한다면, 고인에 대한 이야기를 외부적으로 드러내는 것이나 고인을 기리는 행동을 하는 것을 외적 소재라고도 할 수 있다. 상담 현장에서 사례 개념화와 치료 계획에 적용하기 위해서는 유대감 지속의 내적 및 외적 소재가 각각 적응적인가 부적응적인가의 여부 또한 살펴볼 필요가 있을 것으로 판단된다.

다섯째, 유대감 지속의 적극성 차원은 타의 또는 환경적 요인으로 인해 고인이 상기되는 상황과 같은 수동적인 유대감 지속을 경험하는 것과 반대로 적극적으로 고인을 기억하고 기리기 위한 모든 노력을 의미하는 능동적인 유대감 지속을 의미한다. 사별 및 애도를 다루는 상담 현장에서 내담자가 사별에 대해 효과적으로 대처하는지 파악하기 위해서는 고인과의 유대감 지속이 사별의 수용과 내적 안정감을 모두 포함하는지 확인하는 것이 중요하다. 즉 내담자가 애도 과정에서 고인과의 유대감 지속을 긍정적으로 경험할 수 있도록 돕기 위해서는 고인의 영원한 부재를 수용하는 과정과 동시에 심리적으로 안정감을 회복하는 과정을 염두에 두고 개입을 할 수 있을 것이다.

물론 이 새로운 개념은 모두에게 받아들여지지 않았고, 곧 지속적 유대가 어떤 것에 적용할 수 있고, 다른 것에 적용할 수 있는지에 대한 의문이 들 수 있다. 지속적 유대감은 실제로 건강한 지속적 삶과 관련이 있는가? 이 논쟁의 많은 부분은 지속적 유대의 효과에 대한 좋은 연구 자료의 부족에 기인한다. 더 많은 연구가 이루어짐에 따라, 이러한 질문 중 일부는 해결될 것이다. 기본적으로, 질문은 네 가지 주요 이슈에 집중된다.

(a) 상실에 적응하는 데 가장 도움이 되는 유대감 유형은 무엇인가? 여기에는 고인의 유믈(유물, 유품)과 고인의 존재감, 고인과 대화, 고인의 신념과 가치관 소개, 고인의 특징 등을 포함한다.

(b) 지속적 유대감은 누구에게 유용하며, 그렇지 않은 사람은 누구인가? 이것은 애도자의 하위 집단을 식별해야 한다; 그 개념이 모든 사람에게 적용되어서는 안 된다. 이것에 대한 한 가지 유망한 접근 방법은 고인과 관련된 애도자의 애착 스타일을 보는 것이다. 만성적인 슬픔으로 이어질 수 있는 불안한 애착의 경우, 고인을 붙잡는 것은 적응력이 떨어질 수 있다. 일부 애도자들은 포기하고 넘어가야 한다.

(c) 지속적 유대감이 가장 적응력이 높은 시기와 상실에서 더 멀리 떨어져 상실에 덜 적응적인 시점은 언제인가?

(d) 종교적, 문화적 차이가 건전한 유대 유지에 미치는 영향은 무엇인가? 여기에는 다양한 사회에서 문화적으로 고인의 연결과 추모 활동을 촉진하는 믿음과 의식이 포함될 것이다.

이러한 맥락에서 고인과의 지속성 유대감은 그 자체로서 문제라기보다는 적응적인가, 부적응적인가가 더 중요하다. 사별에 대해 효과적으로 대처하는지 파악하기 위해서는 고인과의 유대감 지속이 사별의 수용과 내적 안정감을 모두 포함하는지 확인하는 것이 중요하다. 즉 애도 과정에서 고인과의 유대감 지속을 긍정적으로 경험할 수 있도록 돕기 위해서는 고인의 영원한 부재를 수용하는 과정과 동시에 심리적으로 안정감을 회복하는 과정을 확인하는 것이 중요하다는 것이다.

# 6장

## 부모 상실 애도 과정과 과업

애착 대상과의 상실을 경험하면 크게 두 가지 방향으로 반응을 하게 된다.

첫째, 상실로 인한 비탄 반응으로 보통 급성 정서적 위기경험을 하게 된다. 급성 정서적 위기는 무엇을 어떻게 해야할지 모르는 패닉 상태에 빠지는 것으로, 신경이 고조된 흥분 상태와 무력감, 불안, 분노 등 다양한 반응들이 나타난다. 또한 심장박동이 빨라지거나 호흡 곤란 등 생리적 증상으로 혼자서 생활이 불편한 상태에 빠지기도 한다.

둘째, 앞선 정서적 위기는 시간과 함께 회복되지만 심층 내부에선 애도 작업이 일어나기 시작한다. 정서적 위기는 외부적 사건에 대한 반응이라면, 애도 작업은 마음의 움직임으로 최소 6개월에서 2년까지 진행된다. 이 과정에서 고인에 대한 그리움과 후회, 원망과 죄책감, 수치심 등 단순한 감정에서부터 애증과 같은 복잡한 감정이 일렁인다. 프로이트는 이러한 작업을 '애도 작업'이라고 했고, 볼비는 이 과정을 거쳐 애착 대상의 죽음에 적응한다고 하였다.

이처럼 애착 대상과의 상실은 정서적인 경험으로서 비탄반응(grief)과 이를 주체적으로 극복해 나가는 애도(mourning)로 나뉘지게 된다.

# 1. 슬픔(grief)의 일

사람들은 사랑하거나 영감을 받는 대상을 잃게 되는 슬픔을
지극히 자연스러운 감정으로 받아들이기에 슬픔은 명확한
감정이라고 생각하지만, 심리학자에게 슬픔은 하나의 수수께
끼다.

_ 무상이라는 것, 문화 예술론, 프로이트

사랑하는 사람을 상실했을 때, 왜 슬퍼지는 것일까? 상실했으
니까 당연히 슬퍼하는 것이라고 생각하지만 슬픔에 대한 이해
가 필요하다. 물론 상실에 대한 여러 반응들이 있다. 하지만 주
된 반응은 슬픔이다. 실제 이러한 슬픔에 대한 영어식 표현만
해도 sadness, sorrow, grief가 있는데 이처럼 충격적인 경험이
나 사건에 대해 다양한 감정즈 표현들이 존재한다. 이처럼 복잡
하고 수수께끼와 같은 감정이라 할 수 있다.

우리는 부모를 상실하게 되면 부모님이 이 세상 사람이 아니

라는 것을 머리로는 알고 있어도 쉽게 포기하지 못하고 가슴으로 받아들이지 못한다. 이를 프로이트식으로 말한다면 대상에 부착된 리비도를 철수하는 것이 그리 쉽지 않다는 것이다. 실제 애도 과정을 중시했던 프로이트도, 아버지를 잃은 뒤 느낀 슬픔을 친구 플리스(Fliess)에게 보낸 편지에서 다음과 같이 표현했다고 전해진다.

> 지금 나는 편지를 잘 쓸 수가 없어. (중략)
> 나는 아버지의 죽음에 매우 가슴이 아프네.
> 나는 아버지를 매우 존경했고 정확하게 이해하고 있었어.
> 아버지에게는 뛰어난 지혜와 공상적이며 경쾌한 감각이 독특한 형태로 혼재된 부분이 있어서 내 인생에 많은 영향을 주었네. (중략)
> 나는 지금 뿌리가 뽑혀 나간 듯한 기분이 들어.
>
> _ 프로이트 저작집 8, 프로이트

실제 슬픔의 양상은 다양하게 나타난다. 고통 가득한 우울, 외부 세계에 대한 흥미 상실, 새로운 대상을 찾는 능력의 상실, 고인에 대한 생각 외에는 일체의 행동을 회피하는 모습 등 다양한 모습으로 나타난다. 그런데 이러한 양상들은 애도 과정에서 중요한 과정이라 할 수 있다. 즉 이러한 과정이 상실의 충격을 회복하고, 괴롭지만 현실을 수용해 나가는 과정이기 때문이다.

이러한 슬픔이 하는 일을 정리하면 다음과 같다.

첫째, 슬픔이 하는 일은 자신이 사랑하는 사람을 상실했음을 외부로 표현하는 행위라는 것이다. 흐느끼거나 엉엉 울거나 그냥 입술을 꽉 문채 울거나 표현 방식은 각자 다를 수 있지만, 죽음에 대한 반응이며 사랑에 대한 연장선이라는 것이다.

둘째, 자신이 힘들고 괴로움을 겪고 있음을 보여줌으로써 주변 사람들로부터 측은지심을 발동시켜 지지와 보호를 받을 수 있는 일종의 경계경보라는 것이다. 사실 대부분의 사람들은 눈물을 보이는 사람들에게 돌봄을 주려고 하기에 누군가의 품이 필요할 땐 슬픔을 통한 눈물이 효과적인 소통 방식이라는 것이다.

셋째, 슬픔 과정에서 흘리는 눈물은 치유의 힘이 있다고 한다. 상실로 인한 눈물은 지난 시간 스트레스로 축적된 여러 독성 물질을 제거해 주며 스트레스를 낮춰 준다고 한다. 오히려 눈물을 보이지 않는 사람들에게서 스트레스 지수가 높아진다고 한다. 그래서 고대 로마에서는 누군가의 죽음을 애도할 때 조그만 유리병에 자신의 눈물을 모아 무덤에 넣어 애도를 했다고 한다.

애도 상담 전문가 피오니니(Jody J. Fiorini)는 이처럼 슬픔이란 영구적이거나 일시적인 일상생활의 혼란, 인간관계에서 어쩔 수 없이 겪게 되는 이별이나 변화에서 비롯되는 것으로서, 불가피하고도 끝이 없는 과정이라고 한다. 하지만 사별이나 상실로 비탄에 젖은 사람들은 기진맥진할 때까지 울면서 슬픔을 게워낼 때, 비로소 슬픔이 마음의 위로가 된다고 한다. 그리고 슬픔의 끝은 얄궂게도 죽음을 딛고 강한 삶의 생명의 기운이 비집고 나오기 시작한다.

이처럼 사별 후 사랑하는 이의 죽음을 회피하거나, 자기 감정에 빠져 그 감정을 그때그때 해결하는 사람이나 사별을 극복하고 다시 적응하며 삶을 살아간다. 죽음에 대해 말하길 꺼리든, 소리 높여 울부짖든 또는 그 중간쯤이든 사별자의 마음에는 슬픔이 존재한다. 문제는 그 슬픔을 표현하는 방식과 태도가 각자의 문화와 환경에 따라 조금씩 다를 뿐이라는 것이다.

# 2. 애도 과정

    사랑하는 이가 세상을 떠난 후 우리한테는 위기가 찾아오지만 애도는 일종의 과정, 즉 치유 과정이라 할 수 있다. 사실 우리는 부모가 없는 상황에서 살아갈 준비를 해둔다거나 그게 어떤 느낌일지 상상해 본 사람은 거의 없을 것이다. 그러기에 애도는 새로운 상태, 즉 죽은 사람의 빈 의자를 두고 살아가는 상태에 적응하기 위해 도움을 얻는 과정이라 할 수 있다. 그 과정에 대해 여러 애도 연구자들은 3단계부터 12단계까지 다양하게 주장한다. 물론 어느 것만이 정답이라 할 수 없지만, 대략적으로 3단계로 정리한 템즈(Temes)의 이론을 살펴보면 다음과 같다.

    템즈에 따르면 사별 후에는 크게 세 단계가 찾아온다고 한다. 충격과 무감각해지는 첫 번째 단계, 혼란스러운 분열적인 두 번째 단계, 추스르고 재조정하는 세 번째 단계이다. 하지만 경우에 따라 애도는 단계적으로 흐르지 않고 단계와 아주 다

른 양상을 보일 수도 있다. 이런 단계들은 전형적인 사별 기간
을 광범위하고 일반적으로 정리한 것에 지나지 않는다.

**[표 1] 템즈(Temes) 애도 과정 3단계**

| 단계 | 1단계 : 충격 무감각 | 2단계 : 분열 혼란 | 3단계 : 재조정 |
|---|---|---|---|
| 기간 | 몇 주 또는 몇 개월 | 수개월 | 몇 주 또는 몇 개월 |
| 특징 | 멍한 단계, 고립감, 기계적인 활동 | 수면 장애, 식욕 부진, 자기 연민, 고통스러운 감정, 우울감, 외로움 | 이따금 평온함을 느낌, 감정의 강도가 덜해짐 |
| 필요 사항 | 정서적 거리 | 친밀감, 감정 표현 | 자기 삶으로 되돌아가게 하는 격려 |
| 발달 과제 | 사랑하는 이의 죽음으로 충격을 느끼지 않도록 스스로를 보호하기 | 사별의 영향 인정하기 | 사별을 받아들이기 |
| 조력자가 할 일 | 허드렛일 돕기 | 경청하기 | 사별한 사람의 사회적 관계망 넓혀 주기 |

## 1단계 : 충격과 무감각

이 단계의 특징은 실감하지 못한 멍한 상태로 나타난다. 사별

첫날을 잘 보내기만 해도 첫 번째 단계를 잘 통과한 것이다. 사별 직후 여러 감정들이 올라오지만 충격으로 멍해지는 초기엔 자신의 시간표에 따라 흘러가는 것이 최선이다.

감정적으로 무감각한 첫 단계는 죽음을 알게 된 바로 그 순간부터 시작된다. 어리둥절하고 멍한 상태라서 생각이 잘 안 나고, 마치 비현실적인 상태로 붕 떠 있는 기분이 들기도 한다. 사실 상실을 대비하지 않은 상태에서 누군가를 잃는다는 상실의 의미를 완전히 인지할 수조차 없고, 자신이 악몽을 꾸고 있으며, 곧 깨어날 거라고 소망하기도 한다.

이 시기엔 자신을 도와주는 사람들과 정서적 거리를 유지해야 한다. 해야 할 일도 준비할 일도 아주 많으므로 그 어떤 것도 현재의 임무 완수에 방해되지 않게 해야 한다. 당장 처리해야 할 일(장례식, 재산 문제, 은행 문제, 행정 절차 문제 등)에 우선 집중해야 한다. 마치 자신이 로봇처럼 자동으로 임무를 수행하고 있다는 기분이 들 수도 있다. 사실 충격에서 벗어나기 위해 이것저것 일하다 보면 심리적으로 자기 보호 기능이 작동해 죽음이라는 고통스러운 충격에서 자신을 보호하기도 한다. 언젠가 받아들여야 할 사실이지만 얼마간 시간이 흐른 뒤 현실과 마주할 수 있게 준비하는 편이 나을 수도 있다.

첫 번째 단계는 한두 주 만에 끝날 수도 있고 몇 개월간 지속할 수도 있다. 머잖아 기분 상태가 더 악화하다가 얄궂게도 그런 식으로 다음 단계가 찾아온다. 마음이 더 안 좋아지는 순간이 찾아왔다면 사별의 두 번째 단계로 들어선 것이다.

## 2단계 : 분열과 혼란

사별 충격 때문에 생긴 멍한 고립감이 차츰 사라질 즈음 사별의 두 번째 단계인 분열 단계로 들어서게 된다. 정신을 몽롱하게 하던 희뿌연 무언가가 걷히고, 슬픈 현실이지만 사람들은 다 자기 자리로 돌아갔다. 그렇게나 마음을 써 주던 친척들도 이미 자기 일상으로 돌아갔고, 세심하게 배려하던 친구들도 원래 자기 하던 일을 다시 시작했다. 나 혼자 남은 기분이 든다. 매일 전화를 해오던 사람들도 일주일에 한 번만 연락을 해오게 된다.

현재의 감정은 절망에 빠진 상태다. 사람이 절망에 빠지면 미래가 암울하다는 기분에 사로잡히는 법이다. 목표도 없고 모든 일에 심드렁하다. "삶에 대한 내 열정, 열의, 투지는 대체 어디로 간 거지?" 하며 혼란스러울지도 모른다. 실제 이 단계에서는 진폭 큰 온갖 감정을 느끼는 게 정상이다. 불끈 기운이 나다가도 어느새 연약해지고 슬프다가도 가끔은 행복하다. 너무 외로워서 사람을 그리워하다가도 누군가에게 불쑥 적대감을 보이기도 한다. 심지어 자기를 도와주려고 애쓰는 사람한테도 말이다. 딱히 이유 없이 주변의 조력자를 마구 몰아세우며 그들에게 못되게 구는 때도 있다.

이처럼 두 번째 단계는 더없이 고통스러운 시간으로 다가온다. 세상을 떠난 부모에게 자신이 많이 의지했던 사람이라면 더더욱 괴로울 수밖에 없다. 어떤 사람들은 사별 후 1~2년 동안 찢어지는 마음을 붙잡고 살지만, 주변의 수많은 사람들이 그 상태를 눈치채지 못할 수도 있다.

실제 분열과 혼란 단계에 나타나는 증상은 우울증이나 불안장애, PTSD 증상과 유사할 수도 있다. 물론 둘은 차이가 난다. 정신 장애는 애도 기간이 끝나도 사라지지 않는 반면, 슬픔으로 인한 증상은 애도 기간이 끝나면 사라진다.


**3단계 : 재조정**


시간은 흐르고 머잖아 최악의 시기는 끝이 난다. 이제 사별의 마지막 단계에 다다랐다. 스스로도 감정의 강도가 다소 약

해졌음을 느낀다. 그렇게 많이 울지도 않고, 아침에 잠에서 깨자마자 제일 먼저 드는 생각이 늘 고인에 대한 것도 아니다. 하루하루 편안하고 차분한 순간이 많아졌다는 느낌이 든다. 스스로에게도 편안하게 대한다. 이때쯤이 바로 사랑하는 이가 세상을 떠나고 몇 개월, 또는 1~2년이 지났을 시기다. 물론 얼마만큼의 시간이 지나야 하는지는 각자의 시간표에 따라 다르다.

과거에 대해 생각하는 비율이 줄어들고 점점 미래에 관심을 두는 자신을 감지하면서 사별의 끝을 인식하게 된다. 그렇다고 사랑하는 이를 잊어버리는 일은 없다. 그 사람은 언제나 인생 일부로 간직될 것이다. 애착과 끈끈한 유대감을 늘 품고 있는 것이 현명하다. 좋은 추억은 행복한 인생에 꼭 필요한 요소다. 그 기억을 감사히 간직하는 동시에 자신의 인생길을 계속 걸어가는 데 전념해야 한다.

애도의 목표는 고인에 대한 애착을 무 자르듯 잘라 내는 게 아니다. 관계를 끝내는 것도 아니다. 소중한 기억을 자기 삶에 도움이 되는 방식으로 잘 엮어내는 것이 곧 애도의 목표다. 자신과 고인은 끝까지 지속할 관계이다. 그리고 이제는 고인의 죽음에 대해 생각하기보다는 그 사람의 인생에 대해 더 많이 생각하게 된다. 그 사람과의 관계를 생각하면서, 행복하고 좋은 기억을 떠올리면서 마음이 편안해지고 자기 나름의 방식으로 그 관계를 지속해 갈 것이다.

재조정 단계에서는 다시 삶의 즐거움을 찾고 사회적 관계망을 넓히도록 도와줄 사람이나 사회 기관을 찾기도 한다. 사별은 길고도 힘든 여정이다. 슬픔을 헤치고 나아가는 길을 찾고, 다시 삶을 재개하는 방법을 배운 자신을 스스로 위로하고 강화하는 것이 필요하다.

# 3. 애도 과업

 

 

워든(Worden)은 애도의 과업을 중심으로 애도를 직면과 사고의 재구성이 필요한 인지적인 과정으로 보고, 애도 상담은 사별자들이 네 가지 애도의 과업을 인식하도록 돕는 과정이라고 말한다. 그는 애도 과업을 4단계로 정리한다. '상실의 현실 수용하기', '사별의 슬픔을 견디며 애도 작업하기', '고인없는 환경에 적응하기', '고인과의 연계 속에서 새로운 삶 발견하기'로 단계화하여 목표를 제시하였다. 물론 이것보다 더 많은 과제를 수행해야 할지도 모른다. 네 가지 과정을 중심으로 애도 과정을 정리하면 다음과 같다.

 

 

## 상실의 현실을 수용하기

상실 초기에 상실의 현실을 수용하지 못하고 부인하는 것은

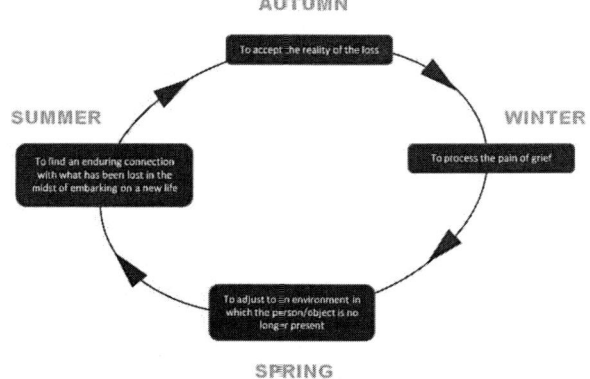

AUTUMN

To accept the reality of the loss

SUMMER

To find an enduring connection with what has been lost in the midst of embarking on a new life

WINTER

To process the pain of grief

To adjust to an environment in which the person/object is no longer present

SPRING

[그림 6] 워든 너 가지 애도 과업

일반적인 반응이며, 상실의 충격을 완화시켜 주는 역할을 하지만 과도하거나 너무 오랜 시간 지속된다면 문제가 된다. 따라서 애도자는 상실의 현실을 인식하고, 고인은 돌아오지 않는다는 사실을 깨달아야 한다. 상실의 상황을 직접 말로 표현하며 자신이 애도 과업을 제대로 진행하고 있는지에 대한 질문으로 자신의 감정과 반응을 탐색할 수 있다. 이 과정에서 정상적인 애도와 비정상적인 애도를 보내는지에 대하여 분석할 필요가 있다.

## 사별의 슬픔을 견디며 애도 작업하기

애착 관계에 있었던 사람을 잃었을 때 느끼는 고통은 사람마다 다르다. 따라서 애도의 방법도 다르다. 이때 사회적 시선은 사별의 고통을 겪는 것을 방해한다. 사람들의 선부른 위로의 말은 애도에 방해가 되고 슬픔을 회피하는 사람들의 일부는 대개 우울증을 겪게 된다. 따라서 자신의 감정을 억누르고 회피하는 것이 아니라, 그것을 표현하는 단계라고 볼 수 있다. 사별 이후에 느끼는 주요 감정을 적절히 표현할 수 있도록 도와주어야 한다. 실제 애도자는 고인을 상실한 충격과 고통으로 자신들의 감정을 제대로 인지하지 못하거나, 분노, 죄책감(죄의식), 불안, 무력감, 외로움이나 우울감 등의 감정으로 슬픔의 해결 방법을 알지 못한다. 이에 음주 등 물질 중독 또는 과다 섭취로 건강을 위협하는 경우도 있고, 극단적인 선택을 하기도 한다. 이러한 애도자의 자연스러운 감정을 수용하고 해결하도록 적절한 시기에 개입하여야 한다.

## 고인 없는 환경에 적응하기

애도자는 고인이 떠나고 없는 현재의 어려움을 극복하고 적응하면서 살아가야 한다. 고인이 생전에 가정에서 해왔던 역할이 어느 정도였는지에 따라 애도자가 적응하는 데 많은 영향을 미친다.

스스로 의사 결정을 해야 하는 경우 효과적으로 결정하도록 하여 혼란스러움을 최소화하게 해야 한다. '지금 직면한 문제는 무엇인가?' 또는 '그 문제는 어떻게 해결하려고 하는가? 등의 질문으로 자기의 문제는 자기가 결정하도록 해야 한다. 직업, 이사, 성생활 등의 문제에 대해서는 객관적이고 보편적인 정보를 통해 합리적인 결정을 하도록 해야 한다. 이러한 과정을 통해 애도자들은 죽음으로부터 살아남은 사람으로서의 자아정체감을 형성한다.

## 고인과의 연계 속에서 새로운 삶 발견하기

애도자는 마음속에 고인이 자리 잡을 수 있도록 재배치해야 한다. 고인을 그리워하고 기억하며 추모하는 것을 통해 고인에게만 몰입되었던 상태에서 벗어나게 한다. 고인을 떠나보내고 생긴 빈자리는 새로운 사람으로 대체할 수 없지만, 주변의 인간관계로 공백을 채울 수 있다는 사실을 앎으로써 새로운 관계와 일에 나서도록 해야 한다. 재배치에 중요한 것은 의미 만들기와 고인을 기억할 수 있는 방법, 새로운 관계를 만드는 것이다.

### 상실의 의미 만들기

애도 과정의 마지막은 의미 발견하기, 의미 만들기이다. 상실에서 비롯된 의미를 찾는 것은 왜 이런 일이 일어났는지에 대한 의문뿐만 아니라 왜 내게 이 일이 일어났는지에 대한 의문과도 관련이 있다. 이러한 상실로 인해 나는 어떻게 다른가?

어떤 상실은 자신이 가치 있는 존재라는 생각에 도전장을 내밀어 자기감을 위협한다. 이것은 상실, 특히 외상성 상실의 충격에 의해 야기된 환상처럼 보일 수도 있다. 자존감의 상실은 종종 자기 효능감의 상실과 함께 오며, 가장 좋은 개입은 통제하려는 시도가 성공적이었던 영역에 대한 인식을 높임으로써 통제감을 다시 회복하도록 돕는 것이다.

니마이어, 클라스, 데니스(2014)는 의미 만들기는 단순히 내적인 과정이 아니라 유가족이 상실과 관련된 더 광범위한 공동체에 그 죽음의 의미가 무엇인지를 찾는 사회적 과정이라고 주장한다. 개인이나 가족이 죽음 후 발견하는 의미는 더 광범위한 공동체에 널리 퍼져 있는 사회적 이해에 대항하여 보여져야 한다고 한다.

물론 외상성 죽음은 죽음의 의미를 찾으려는 사람들에게 특히 어려울 수 있다. 죽음이 왜 발생했는지에 대한 답을 찾지 못한 몇몇 사람들은 사랑하는 사람이 죽은 방식과 연관된 NGO 단체 활동이나 혹은 봉사활동에 참여하기 시작하면서 고인의 죽음이 헛되지 않았다고 말할 수 있게 되었다고 한다.

### 고인을 기억하는 방법을 찾을 수 있도록 돕기

유족들은 그들이 상실한 사랑하는 사람을 잊게 될까 봐 두려워하는 것이 일반적이다. 이에 추모관 방문, 고인의 물건 간직하기, 메모리얼 상자 만들기, 가족들과 스크랩북 만들기 등과 같은 고인의 삶을 추억하고 기억하는 활동이 도움이 된다.

### 새로운 관계 형성

애도는 고인에 대한 기억과 감정의 이동을 촉진함으로써, 유족이 자신의 삶에서, 사랑했던 고인을 위한 새로운 자리를 발견할 수 있도록 도울 수 있다. 그 자리는 유족이 삶에서 앞으로 나아갈 수 있게 해줄 것이다.

어떤 사람들은 어떤 격려도 필요하지 않지만, 많은 사람에게는 격려가 필요하다. 어떤 사람들은 아무도 떠나간 사람의 자리를 채울 수가 없다고 느끼기 때문에 사람들을 만나는 것을 주저한다. 어느 정도는 사실이지만, 새로운 관계가 형성되면 그 자신으로서 새로운 인식과 출발을 하게 된다. 물론 사별 슬픔의 강렬함이 충분히 경험되어야 사별 슬픔이 끝나는 것을 전제로 하면서이다.

실제 사별 슬픔에 대한 행동 반응은 다양하다. 죽어가는 모든 사람이 비슷한 방식으로 죽는다고 예상하지 않듯이, 사별로 슬퍼하는 사람들이 같은 방식으로 슬퍼한다고 예상하지 않는 것도 중요하다. 사별 슬픔은 엄청난 대인관계 변동성 그리고 정서 반응 강도, 손상의 정도, 상실의 고통을 경험하는 시간의 길이에서 강력한 개인차를 보인다.

하지만, 이것은 때때로 가족들이 이해하기 어렵다. 그들은 한 가족 구성원이 다른 가족과는 다른 행동을 보일 때 불편감을 느끼거나 다른 가족과는 다른 무언가를 경험하는 개인이 자신의 행동에 대해 불편감을 느낄 수도 있다. 이렇듯 모든 사람이 같은 방식으로 슬퍼하기를 기대하는 가족들에게 애도의 반응 또한 다양성이 있음을 인정하는 것이 필요하다.

# 7장

/

## 애도 상담

프로이트는 "애도와 멜랑꼴리"에서 사별에 따른 슬픔은 자연
스러운 과정이라 특별히 개입하는 것이 의미가 없다고 생각했
지만, 요즘은 애도의 기간이나 강도 면에서 사별을 경험한 사
람이 시간이 지나도 고통이 완화되지 않을 때 애도 상담 치료
는 매우 유용한 개입으로 인식된다. 실제 오늘날 애도 과업에
어려움을 겪는 사람들은 그들이 대처하기 어려운 생각, 감정,
행동에 도움을 얻기 위해 전문적인 상담을 찾는다. 직접 상담
을 찾지 않는 사람들도 상담을 제안하면 종종 받아들이는데,
특히 그들이 상실을 스스로 해결하는 데 어려움을 겪고 있을
때 그러하다. 특히 일정한 교육과 수련을 통해 죽음의 심리와
애도 상담을 전문적으로 수련한 사람들의 공식적 개입은 사별
경험의 문제를 다룰 수 있고, 실제 생활로 회복하는 데 도움이
된다.

# 1. 애도 과정의 복잡성

애도하는 사람은 사별을 인정하고 삶을 재구성할 필요가 있다. 그러나 애도가 일정한 순서대로 이루어지지 않으며 여러 감정들이 혼재되어 전진과 후퇴를 반복하는데 복잡성이 있다. 부겐(Bugen)은 애도 반응의 강도와 시간을 설명하는 요인으로 관계의 밀접성과 죽음의 예방 가능성이라는 요인을 통해 애도 기간과 애도 반응 강도를 분류하였다. 관계의 밀접성은 핵심적 관계인지, 주변적 관계인지로 나눌 수 있고, 죽음의 예방 가능성은 예방 가능했는지, 예방 가능하지 않았는지로 분류하였다.

[표 2] 부겐, 애도의 강도와 기간

| | 예방 가능함 | 예방 가능하지 않음 |
|---|---|---|
| **핵심적 관계** | 강한 수준 애도 반응,<br>장기간 지속 | 강한 수준 애도 반응,<br>단기간에 종료됨 |
| **주변적 관계** | 약한 수준 애도 반응,<br>장기간 지속 | 약한 수준 애도 반응,<br>단기간에 종료됨 |

　핵심적 관계는 고인 없이는 삶의 의미가 없는 것처럼 느끼는 경우로 일상생활에서 고인의 사랑과 돌봄이 너무나도 핵심적인 관계를 말한다. 실제 애도하는 사람이 일상생활에서 고인을 위해 헌신적 돌봄을 수행한 경우나 고인의 존재 자체가 삶의 희망이고 너무나도 신뢰한 경우를 말한다. 주변적 관계는 별로 친밀하지 않은 타자와 같은 관계로 삶의 즐거움이나 인정 등 고인의 행동이나 존재에 의존하지 않은 관계를 말한다.

　죽음의 예방 가능성은 고인의 죽음이 통제 가능해서 피할 수 있는 사건이라고 인식한 경우나 애도자가 고인의 죽음에 직간접으로 기여했다고 믿는 경우를 말한다(부모님을 여행보냈는데 여행 도중에 교통사고로 죽은 경우, 자녀는 스스로 책임이 있다고 자책함). 죽음의 예방 가능하지 않은 경우는 고인의 죽음을 막기 위해 어떤 것도 할 수 없었거나 죽음을 막기 위해 모든 것을 다 한 경우를 말한다. 그로 인해 애도자는 고인에 대한 책임감이나 죄책감이 낮아지기도 한다.

장기간의 애도 반응은 6개월 이상 지속되는 신체적, 정서적, 인지적, 행동적 증상들이 나타나는 경우로 고인과 분리를 하지 못하고(고인 물품 보관, 묘지를 자주 방문 등), 무기력함이 만연되어 대인관계를 형성하지 못하는 경우로 나타난다.

단기간의 애도 반응은 비교적 고인의 죽음 준비가 가능한 경우로 고통이 심각했으나 비교적 단기적으로 종료되는 경우로, 새로운 보장적 관계를 찾았거나 고인과의 정서적 관계가 부재했을 때 나타난다.

이처럼 애도 과정은 복잡하기에 관계의 친밀성과 죽음의 예방 가능성을 어떻게 다룰 것인가가 애도 작업에서 중요한 과제로 부각된다 할 수 있다.

## 2. 애도 상담의 이해

'애도 상담(grief counseling)'은 남은 자들로 하여금 정상적이거나 마무리되지 않은 사별 슬픔을 애도할 수 있도록 하여 합리적인 시간의 틀 안에서 건강하게 완결되도록 촉진하는 것과 연관된다. 사별에 따른 심리 과정을 잘 수행할 수 있도록 도움을 주는 애도 상담은 복합적인 외상적 애도 반응 뿐만 아니라 상실에 대한 정상적인 반응임을 받아들일 수 있도록 진행된다. 애도 상담은 상실의 슬픔을 위로하고, 충격과 고통을 경험하고 있는 애도자의 신체적, 정신적 문제 해결과 애도 과업을 극복하여 일상의 삶으로 회복하도록 돕는 과정이라 할 수 있다.

애도 상담은 상실, 사별로 인한 반응을 이해하고 심리적, 정서적 문제들을 규명하고 해결할 수 있도록 한다. 일상생활에서 '자기 알아차림'과 '자기 돌봄'을 하여 스스로를 지킬 수 있는 힘을 키운다. 고인과의 기억을 편안하게 떠올릴 수 있도록 하여 상실과 사별의 고통이 건강한 애도 과정을 통해 심신의 안정적인 치유를 한다. 애도 상담을 통해 상담자는 내담자의 이야기를 잘 들으면서 현재 애도 단계 중 어떤 단계에 있는지 알 수 있으며, 내담자의 위기를 점검하고 신체가 안정화될 수 있도록 점검하면서 증상을 이해해 주고 그에 따른 상실을 수용해 준다. 결정적 에피소드에 집중하여(사망 소식을 처음 들었을 때, 장례식 등) 사망 소식을 수용하면서 현실로 받아들일 수 있도록 위로와 지지를 하며, 같이 있어 주고 같이 느껴 주며 사망에 대한 공포감을 이야기할 수 있도록 한다. 분노감, 죄책감, 슬픔 등의 복잡한 감정을 표현하게 한다. 내담자가 준비되었다면 고인을 추모할 수 있는 시간을 통해 기억과 추억을 느끼며 작별 인사를 할 수 있도록 격려하여 아픔에서 벗어나게 도움을 준다. 사회적 철수와 고립이 아닌 자신을 돌보고 즐거움을 느낄 수 있는 활동을 찾을 수 있도록 격려하고 지지해 준다.

'시간이 치유하는 것이 아니라 슬퍼하는 것이 치유한다.'는 아논(Anon)의 말처럼 애도는 자연스러운 과정이고 누구에 의해서도 방해를 받아서는 안 된다. 대부분의 사람들은 며칠 간의 장례식을 통해 고인을 기억하면서 함께 슬퍼한다. 애도자는 조문객의 위로나 상장례나 종교의식을 통하여 고인에 대한 의미와 희망을 찾게 된다. 하지만 모든 의례가 끝나고 나면 남아 있는 가족들은 자신들의 애도를 해야 한다.

## 애도 상담의 목표

애도 상담의 목표는 현재 내담자에게 당면한 문제를 해결하고 갈등을 해소하며 궁극적으로 내담자가 처한 상황에 잘 적응할 수 있도록 돕는 것이다. 보통 애도 상담에서 상담 목표는 내담자와의 합의를 통해 주호소 문제와 관련된 상담 목표를 설정하게 된다. 따라서 상담 목표를 설정하는 데 있어 내담자가 어떤 문제를 해결하고 싶은지를 결정하는 것이 중요하다. 그런데 내담자가 여러 문제를 나열했다면 내담자가 가장 먼저 해결하고 싶은 문제를 중심으로 목표를 설정해야 한다.

그런데 내담자가 다루고 싶은 주호소 문제와 상담자가 생각하는 내담자의 핵심 문제가 다를 경우에도 내담자가 호소하는 문제를 중심으로 상담 목표를 설정하고 다루어야 한다. 또한 단기 상담일수록 내담자와 합의된 목표 중심으로 상담이 진행되어야 하며, 제한된 회기 내에 다룰 수 있는 현실적인 목표를 설정해야 한다. 간혹 상담 목표를 여러 개로 나열할 수 있는데 장기 상담인지 단기 상담인지에 따라 유료 상담일 경우 상담 기간에 따른 상담비용 지불 능력이 있는지 등을 고려해야 한다.

상담 목표를 설정할 때 내담자가 실천할 수 있는 수준에서 설정해야 하며, 상담 목표를 기술할 때는 구체적이고 평가 가능하여 행동화할 수 있도록 기술해야 한다. 상담 목표를 다른 말로 표현하면 종결 후 내담자가 변화하고 싶은 모습이라고 할 수 있다. 상담 목표는 상담 종결시 상담 성과 평가에 중요한 지표가 된다.

애도 상담의 전반적인 목표는 애도자가 사랑하는 사람을 상실한 것에 적응하고 고인이 없는 새로운 현실에 적응할 수 있도록 돕는 것이다. 이 과정을 통해 사별로 인한 고통스런 현실에서도 새로운 의미와 질서를 찾아내고 새로운 자기와 세계를 체험하는 것이라 할 수 있다. 실제 애도를 통해 지난 상실감을 알아채고 과거 해결하지 못한 상실감을 해결하기도 한다.

## 애도 상담의 대상

애도 상담의 대상자를 선정하는 방법은 여러 가지가 있으나 일반적으로 세 가지로 나눌 수 있다.

첫째는 애도 상담은 남아 있는 유가족 모두를 애도 상담 대상으로 다루어야 한다는 것이다. 이는 사별 경험은 고인과 관련된 모든 사람에게 상처를 주는 사건이므로, 이에 관련된 모든 사람에게 상담적 개입을 통해 상처에서 회복해야 한다는 입장이다. 하지만 이는 비용이나 제반 요소의 제약으로 관련된 '유가족 모두에게 필요할까?'라는 의문이 들게 한다(worden, 1996).

둘째는 유가족이 사별 경험에 따른 어려움으로 도움을 요청할 때 도움을 주는 것이다. 이는 유가족 개개인이 어느 정도 고통을 겪고 난 다음에야 이루어지는 것으로, 첫 번째보다는 비용적인 면에서 효과적이다. 실제 자발적으로 애도 상담을 요청하는 사람들이 수동적으로 애도 상담을 받은 사람들보다 좋은 결과가 많은 것으로 보고하고 있다(stroebe et al., 2001).

셋째는 예방에 기초를 둔 접근법으로 대부분의 사람은 사별 후 1~2년 동안 다양한 어려움을 겪게 되며, 아직 해결하지 못한 정신적·신체적 증상에 대한 애도 과업에 개입하여 다양한 증상들을 탐색하여 미리 예방하는 애도 상담을 실시하는 것이다. 이는 부정적인 애도의 예방에 역점을 둔 가장 이상적인 방법으로, 사별 슬픔 후유증의 주요한 조짐을 보이는 요소들이 확인된 이들에게 예방적인 접근으로 개입하는 것이다.

## 애도 상담자

애도 상담자들은 애도 상담을 위한 전문성을 획득한 사람으로 상담 역량을 갖춘 사람들을 말한다. 효과적인 애도 상담을 위해 개인 역량, 기술 및 지식, 평가 기술, 치료 기술, 전문가 기술 등 다섯 가지 역량을 필요로 한다.

개인 역량은 자기 관리, 애도 이슈에 대한 자기 인식, 유머 감각, 영성, 죽음과 상실에 대한 개인 철학과 신념 등을 말한다. 기술 및 지식은 정상 반응과 복합적 반응의 이해, 효과적/비효과적 대처 기술, 애도 이론을 활용한 사례 개념화, 죽음의 발달적 이해 등을 말한다. 평가 기술은 내담자의 미해결된 상실을 평가, 자살 위기 평가, 영성과 신념의 평가, 애도의 문화적 영향 평가, 병원 치료 의뢰를 위한 평가 활용 등을 말한다.

치료 기술은 상실과 애도 관련 심리 교육을 제공할 능력, 개인·그룹·가족 대상 애도 상담 능력, 내담자와 관계 형성, 적극적 경청, 상실 경험의 재구조화, 애도 상담에서 창의적 예술 기법의 활용, 치료에 있어 문화적 영향력 확인하기, 애도 의식을 함께 만들거나 참여하기 등을 말한다. 전문가 기술은 애도 관련 커뮤니티와 학교 활동 제공, 위기 개입, 학제 간 팀 작업, 애도에 관한 최근 문헌 조사, 전문가 지지 그룹 참여 등을 말한다.

이처럼 애도 상담자들은 정신적·신체적으로 심각한 상실을 경험하고 있는 내담자에게 상담과 지지를 위하여 훈련된 전문가들로 개인 상담이나 집단 상담으로 진행할 수 있다.

## 애도 상담 시기

애도 상담의 시기는 정해진 것이 없다. 대부분의 경우 애도 상담은 빠르면 장례식이 끝나고 일주일 정도 후에 시작된다. 사망 전부터 접촉을 했던 게 아니라면, 보통 첫 24시간은 상담자가 연락하기엔 너무 이르다. 유가족은 아직 무감각하거나 충격을 받은 상태여서 자신의 혼란을 수습할 준비가 되어 있지 않다. 죽음이 임박했음을 인식하고 있는 어떤 상황에서는, 상담자는 사망에 앞서 가족 구성원들과 접촉해 볼 수 있고, 임종 시점에 다시 짧게 접촉을 하고, 장례식이 끝나고 일주일 정도 후에 좀 더 길게 만날 수 있다.

다시 말하지만, 정해진 규칙은 없으며, 시간 계획이 엄격한 규칙에 따라야 하는 것은 아니다. 이것은 사별 상황과 사별 슬픔 상담의 역할과 구조화에 달려 있다. 가족 중에 한 사람이 시작하여 전체 가족으로 확대할 수도 있고, 가족 상담으로 하여 개인 상담으로 할 수도 있다. 필요하다면 애도 집단을 통해 자신의 문제를 바라보고 해결하기도 한다.

# 3. 애도 상담의 진행 과정

**라포 형성**

애도 중인 내담자들은 상담자의 특별한 관심과 세심한 반응을 필요로 한다. 실제 애도 반응을 보이는 사람들은 자신을 '부적격한 사람'이나 '재수 없는 사람', '죄가 많은 사람' 등으로 인식하거나 무엇인가 잘 이겨내야만 하는 강박 행동을 보이거나 내적 자원이 고갈되어 기진맥진할 수 있다.

이러한 상태에서 내담자가 상담자에게 자신의 이야기를 할 수 있다는 것은 자신의 이야기가 어떻게 비칠지에 대한 불안감과 이 과정을 잘 마무리하고 싶은 희망 등의 양가적인 감정 상태를 가지고 방문을 하게 된다. 따라서 상담자의 애도 반응에 대한 진솔함과 경험에 대한 풍부한 반응은 이후 치료 과정의 방향을 결정할 수 있게 한다.

그러므로 내담자와 라포 형성은 애도 상담의 중요한 매개가 된다. 라포 형성은 상담자가 내담자의 감정과 경험을 정확하고 민감하게 공감하는 것을 말한다. 이때 '공감적'이라는 것은 내담자가 말하는(관찰될 수 있는) 것에서 그의 감정, 태도 및 신념 등(잘 관찰될 수 없는 것)에 대하여 정확하게 의미를 포착하는 것으로 풀이할 수 있다.

그런데 이때 중요한 것은 상담자의 공감이 아니라, 상담자가 공감한 바를 내담자에게 전달하는 것이 내담자를 통찰로 이끄는 핵심이다. 상담자는 내담자의 생각과 느낌을 내담자에게 다시 되돌려줌으로써 내담자가 자신의 감정이나 욕구에 대해 좀 더 뚜렷하게 알게 해준다. 이런 방식으로 내담자는 상담자의 공감적 이해를 통해서 자신에 대한 자각을 넓힐 수 있다. 이것을 비유적으로 표현하면 내담자가 자기 자신을 돌아볼 수 있도록 상담자가 거울이 되어 준 것이라 할 수 있다. 내담자는 상담자라는 거울을 보고 자신에 대해 더 깊게 깨닫기 시작한다.

섬세하고 정확한 공감적 이해 능력을 위한 두 가지 기초 요소가 있다. 첫째, 감수성의 차원으로 상담자가 내담자의 말 속에 깔려 있는 중요한 감정, 태도, 신념, 가치 기준을 포착하는 것이다.

둘째, 커뮤니케이션 차원으로 상담자가 공감한 바를 내담자에게 알려 주는 것이다. 아마도 전달의 과정보다는 감수성의 차원이 상담자로서는 더 어려운 부분일 것이다. 전달과 소통의 방식은 배우고 연습하면 어느 정도 가능하지만, 감수성의 문제는 어린 시절부터 꾸준히 키워야 하고 또 어느 정도는 선천적인 부분도 영향을 주기 때문이다.

공감은 섬세하고 정확해야 한다. 대충 공감하는 것으로 만족해서는 안 되는데, 내담자는 '대부분' 공감 받은 느낌보다는 '한두 부분' 공감을 받지 못한 느낌에 더 집중하기 때문이다. 상담자는 내담자의 감정을 감지하고 인식할 수 있는 단서를 놓치면 안 된다. 내담자를 이해하는 데 도움이 되는 단서는 당연히 내담자의 말과 행동이다. 말은 감정을 전달하는 수단이므로, 상담자는 우선 내담자의 감정과 경험의 강도를 나타내는 말을 자세히 청취함으로써 내담자의 감정에 초점을 맞출 수 있다.

어떤 단어와 구절은 '신호등'처럼 불안 감정이 분명히 표시되기도 한다. '화가 났어요', '우울해요', '죄책감을 느껴요' 등의 표현을 했다면 감정을 분명히 표현한 것이다. 감정의 기본 성질은 같지만 조금씩 강도가 다른 표현들도 있다. 또 말하는 억양도 감정을 나타내는 중요 단서다. 내담자의 동작, 얼굴 표정, 눈의 초점, 손의 움직임, 의자에 앉아서 우물쭈물하는 것 등 내담자가 내보이는 모든 것이 감정을 이해하는 데 도움을 준다.

한 가지 주의할 것은 내담자에 따라 같은 감정이라도 표현에서는 다른 어휘를 사용하기도 하고 목소리의 억양이나 동작이 감정과는 다른 방향으로 나타날 수도 있다는 점이다. 어떤 내담자는 목소리가 작고 낮아지며 눈에 더 힘이 들어가기도 한다. 이렇게 분명히 관찰되는 감정과 언어 반응이 모순되는 것은 내담자에게 별도의 감정이 있거나 자기방어적인 심리가 작용하기 때문이다.

공감의 방법에는 여러 가지가 있다.

· 적극적 경청 : 내담자의 말에 집중하고, 감정을 이해하며, 내담자의 이야기를 진심으로 받아들이려는 노력을 기울이는 경청.

· 재진술 : 내담자가 한 말을 메아리처럼 똑같이 반복해서 다시 말해 주기.

· 반영 : 직접 말하진 않았지만 말 속에 숨어 있는 생각, 느낌을 언어적으로 표현.

· 명료화 : 미처 깨닫지 못했거나 애매한 감정을 명확한 언어로 표현하기.

· 미러링 : 타인의 행동을 거울처럼 반사하기.

· 재명명 : 긍정적이거나 적절한 용어를 사용하여 새롭게 명칭을 부여하기.

• 이외에도 수용적인 태도, 비판단적인 입장, 진실성과 긍정적 수용.

## 애도 평가

애착과 의존 정도가 심할수록 사별 경험은 함께 했던 삶을 잃어버린 상실감으로 인해 시간과 공간, 사람에 대해 '멈춤 현상'에 직면한다. 바삐 움직이는 일상 속에서 무엇을 해야 할지 모른 채 관성대로 움직이거나 지난 시간을 반추하면서 살아간다. 마냥 시간이 흐른다고 상실의 슬픔이 해결되는 것은 아니다. 오히려 시간이 지날수록 더 큰 무게감과 압박으로 삶을 송두리째 바꿔 놓기도 한다. 실제 만성적인 비탄 경험은 '절대 끝나지 않는 장례'로 묘사되기도 한다.

이처럼 사별 경험은 더 이상 자연스런 과정으로 치부될 수 없으며, 사별 경험에 따른 여러 증상에 대한 평가와 진단이 필요하다. 이에 애도자의 심리 상태를 평가, 진단하는 것은 매우 중요한 일이다.

애도 경험에 대한 평가의 목적은 사별 경험 관련 위험성을 식별하여 적절한 개입을 위한 방안을 마련하기 위한 것이다. 평가의 목적을 탤벗(Talbott)은 다음과 같이 기술하고 있다.

첫째, 임상적 진단을 명료화하고 세분화한다.

둘째, 증상과 문제의 심각도를 구체화한다.

셋째, 피검자의 자아 강도를 평가한다.

넷째, 인지적 기능을 측정한다.

다섯째, 적절한 치료 유형을 제시한다.

여섯째, 치료 전략을 기술한다.

일곱째, 피검자를 치료적 관계로 인도하며 자아 강도와 문제 영역을 인식하도록 돕는다.

여덟째, 치료적 반응을 검토하고 치료 효과를 평가한다.

아홉째, 피검자의 정신 역동적 진단을 명료화한다.


물론 이러한 목적을 위해 다양한 수행을 해야 하지만, 중요한 것은 임상적 진단과 자아 강도 평가를 통한 적절한 치료 유형과 개입의 전략을 기술하는 것이라 할 수 있다. 예를 들면 사별 경험에 따라 어떤 사람은 우울 장애(Depressive Disorder), 불안 장애(Anxeity Disorder), 외상 후 스트레스 장애(Post Traumatic Stress Disorder), 지속성 복합 사별 장애(Persistent Complex Bereavement Disorder) 등을 경험할 수 있다. 이 경우 현재 경험하고 있는 증상들이 어떤 장애에 속하는지 세부적으로 감별해야 한다. 또한 치료 기법의 발달에 따라 보다 세분화된 치료 기법이 활용될 수 있으므로, 평가는 피검자의 임상적 특징을 기초로 하여 어떤 치료가 보다 효과적인지 제언하여야 한다. 예를 들면 피검자의 우울 장애가 인지적 장애를 동반하는 경우라면 인지적 치료가 특정하게 추천되어야 하며, 만약 우울 장애에 특정한 행동 장애가 동반하는 경우라면 행동 치료가 처방될 수 있을 것이다.

다만 사별 경험에 대한 애도 평가는 내담자의 발달 단계와 문화적 배경을 존중하며, 그 현상을 이해하는 그들의 능력에 민감해야 한다. 사별 경험은 아동과 청소년 그리고 성인을 막론하고 개인마다 각기 다른 경험이다. 실제 죽음의 양상에 따라 결과적으로 죽음에 대한 적응 결과가 달라진다. 죽음의 예측성, 즉 질병으로 인해 일정 기간 전부터 죽음이 예측되었던 경우와 자살, 사고나 재해 등의 원인으로 갑작스런 죽음을 맞이한 경우는 죽음에 대한 적응이 다를 수밖에 없다.

예측된 죽음은 죽음을 준비하면서 미래에 바뀌게 될 삶과 역할을 인지하거나 완수하지 못한 과업들을 마무리할 수 있다는 점에서, 또한 살아 있는 부모가 앞으로 맡게 될 한 부모의 역할을 준비할 수 있다는 점에서 긍정적인 영향을 주게 된다. 반면 예측하지 못한 갑작스런 죽음은 자녀의 적응에 부정적인 영향을 미치게 된다는 것을 알 수 있다. 사망 원인은 자녀들이 겪는 사별 이후의 삶에 많은 영향을 미치게 된다. 더욱이 청소년은 부모가 갑작스럽게 죽음을 닥이한 경우 자신의 삶에서 자신을 통제할 수 있다고 여기는 수준이 낮아져, 유능감과 자기 통제감을 발달시키는 데 어려움을 보인다. 이 부분이 가족 전체에 영향을 주며 스트레스 강도를 높이게 된다(Fleming & Balmer, 1996).

## 애도 상담 진행 과정

애도 상담은 일반적으로 상실의 현실을 받아들이고, 그로 인한 고통을 충분히 경험하며, 고인이 없는 환경에 적응하고, 고인과의 관계를 재정립하여 새로운 삶을 살아가는 과정을 포함한다. 이러한 목적을 이루기 위해 상담자는 내담자가 상실을 둘러싼 상황과 애도 경험에 대해 자신의 이야기를 하도록 격려해야 한다. 이러한 경험을 이야기하는 것을 통해 내담자는 자기 자신의 문제에 대한 이해와 더불어 치료적 개입의 근거를 만들어 내기 때문이다.

내담자가 상실 경험에 대한 신체적, 정서적, 인지적 사건에 대해 이야기할 때 상담자의 역할은 내담자의 핵심적인 부분을 확인할 수 있으며, 내담자의 이야기를 통해 내담자가 중요시하는 부분이 무엇이고 감추고 싶은 부분이 무엇인지를 확인할 수 있다. 이를 통해 내담자 개인의 내적 가치 체계의 정보를 추론할 수 있으며, 이를 통해 치료 동맹을 발전시키며 문제 해결, 목표 도달, 개입 전략을 선택할 수 있는 가이드가 된다.

일반적으로 애도 상담에서 상담자는 내담자의 애도가 잘 진행될 수 있도록 돕고, 애도 작업이 성공적으로 이루어지도록 지원하는 진행 과정을 정리하면 다음과 같다.

### ① 상실의 현실 인식과 수용을 도와주기

상담자는 내담자에게 상실의 현실을 인식시켜 주고, 고인은 돌아오지 않는다는 사실을 깨닫게 해주어야 한다. 내담자에게 상실의 상황을 질문하여 말로 표현하게 하는 것이다.

### ② 내담자가 감정을 자각하고 경험할 수 있도록 돕기

내담자는 고인을 상실한 충격과 고통으로 자신들의 감정을 제대로 인지하지 못하거나, 분노, 죄책감(죄의식), 불안, 무력감, 외로움이나 우울감 등의 감정으로 슬픔의 해결 방법을 알지 못한다. 내담자는 음주 등 물질 중독 또는 과다 섭취로 건강을 위협하는 경우도 있고, 극단적인 선택을 하기도 한다. 상담자는 이러한 내담자의 자연스러운 감정을 수용하고 해결하도록 적절한 시기에 개입하여야 한다.

### ③ 고인 없이도 살아가도록 돕기

상담자는 내담자에게 고인이 떠나고 없는 현재의 어려움을 극복하고 적응하면서 살아가도록 도와주어야 한다. 고인이 생전에 가정에서 해왔던 역할이 어느 정도였는지에 따라 내담자가 적응하는 데 많은 영향을 미친다. 상담자는 내담자가 의사결정을 해야 하는 경우, 효과적으로 결정하도록 하여 혼란스러움을 최소화하게 한다. 내담자에게 '지금 직면한 문제는 무엇인가요?' 또는 '그 문제는 어떻게 해결하려고 하는가요?' 등의 질문으로 자신의 문제는 자기가 결정하도록 해야 한다. 내담자들의 직업, 이사, 성생활 등의 호소 문제에 대해서는 객관적이고 보편적인 정보 제공으로 합리적인 결정을 돕는다.

### ④ 상실의 의미를 깨닫도록 도와주기

상담자는 내담자에게 사랑하는 가족의 상실의 의미를 깨닫게 해주어야 한다. 이러한 깨달음을 촉진하도록 돕는 것이 상담자의 중요한 역할이다. 깨달음의 과정은 애도 과정에 큰 영향을 미치기도 한다. 내담자에게 고인의 상실이 일어난 원인에 대한 대답을 찾아내도록 하는 것은 매우 중요한 과업이다. 예를 들어 '고인은 평소에 정의로웠으며, 사회 공헌에 기여한 사실이 있다'는 등 지역 사회에서 긍정적인 신뢰를 할 수 있게 돕는다.

⑤ 내담자 마음속에 고인을 정서적으로 재배치하도록 촉진하기

상담자는 내담자의 마음속에 고인이 자리 잡을 수 있도록 재배치하는 데 도움을 주어야 한다. 고인을 그리워하고 기억하며 추모하는 것은 정서적으로 고인의 에너지에서 벗어나게 한다. 고인을 떠나보내고 생긴 빈자리는 새로운 사람으로 대체할 수는 없지만, 주변의 인간관계로 공백을 채울 수 있다는 사실을 알려 준다.

⑥ 상실을 애도하는 충분한 기간 보장하기

내담자가 사랑하는 고인에 대한 애도 과정은 충분한 기간이 필요하다. 슈펭글러(Spengler)에 의하면 슬픔의 수레바퀴는 애도 과정에서 가장 중요한 회복과 악화 단계가 내담자의 상황에 따라 지속해서 반복된다고 하였다. 상담자는 내담자의 슬픔이 특정한 상황의 문제로 인하여 애도가 더 힘들어지며, 그 핵심은 회복과 악화하는 시기임을 인식해야 한다. 상담자는 내담자

가 고인을 상실한 지 3개월 또는 1주기 등 특정한 시기에 아무도 기억해 주지 않은 것에 대하여 분노를 표현할 수 있으므로 중재 역할도 고려해야 한다. 내담자가 친지들과 정서적 관계를 유지하는 사람들에게 특정한 시기에는 위로와 지지로 긍정적인 애도 과정을 보내도록 도와주어야 한다.

⑦ 정상적인 애도로 인정하기

사랑하는 가족을 상실하고 과도하게 또는 오랫동안 슬픔을 표현하는 사람 중 자신이 비정상적이라고 느끼는 것은 흔한 일이다. 환각이나 환상을 보았거나, 환청을 들었다고 해도 고인에게 집착한 행동은 정상적인 애도 과업 중의 하나이다. 상담자는 내담자에게 정상적인 애도의 표현임을 알려 주어 안심시킬 필요가 있다. 다만 장기간 지속되지 않아야 한다.

⑧ 개인의 차이 인정하기

사랑하는 가족을 상실하고 나면 개인의 성격에 따라 애도하는 방식이 다르다. 부모는 부모대로, 형제는 형제들 나름대로, 남자와 여자는 표현하는 방식이 개인의 차이에 따라 다르다. 여성들은 자기의 애도하는 모습이 타인들의 시선과는 무관하게 상실감의 감정을 표현한다. 아이들은 울다가도 장난감을 가지

178   애도의 심리학 — 부모 상실

고 놀면서 애도를 표현하기도 한다. 그러나 남성들은 주변의 시선을 의식하여 눈물을 흘리면 나약한 존재인 것처럼 보일 수 있어 억제하는 경우가 빈번하다. 아버지인 경우에는 더욱 그러하다. 주변의 친구나 자녀들이 있어 억제하다가 아무도 없는 곳이나, 늘 해오던 일을 하면서도 나름대로 애도를 표현하기도 한다.

### ⑨ 대처 방식 분석하기

개인에 따라 사별 경험에 따른 대처 방식은 다양하다. 이러한 행동은 가족의 상실 이후에도 나타나며, 자기를 보호하기 위한 무기로 활용한다. 그러나 내담자는 상담자와의 신뢰가 형성되면 개방하는 경우도 있다. 내담자가 음주나 약물에 의존하는 것은 부적응의 전조 현상이며 수면, 불안 감소, 불필요한 집착 등에 따라 중독의 증상으로 이어질 수도 있다.

내담자가 상장의례 의식이나 기념일 등에 고인의 사진을 보지 않고 피하는 경우가 있다. 고인의 유품과 기억이 나게 하는 물건을 과도하게 모아놓거나, 일반적으로 이해하기 어려울 만큼 관리하는 행동은 부정적인 애도를 하는 것으로 볼 수 있다. 상담자는 내담자에게 이러한 대처 방식에 있어 평가하여 개선하도록 기회를 제공하고, 충격과 고통의 아픔을 해소하는 긍정적인 방법으로 탐색하도록 도와야 한다.

⑩ 병리적인 증상이 확인되면 타 전문가에게 의뢰하기

애도 상담 중에 내담자가 증상이 심해져 병리적인 문제가 발생하면 상담자는 인지한 상황을 고려하여 전문적인 치료 여부를 판단해야 한다. 내담자의 증상이 심해져서 병리적인 현상으로 분석되는 경우에는 상담의 전략과 기술, 개입의 시기를 조정하고 다른 전문가에게 의뢰하여야 한다. 상담자가 이러할 때에 주의해야 하는 말은 "그동안 잘 버텨 주었다", "1년 정도만 지나면 괜찮아질 거야", "슬픔의 애도는 곧 끝날 거야", "산 사람은 살아야지" 등이다. 상담자는 내담자에게 "어떤 말을 해야 할지 모르겠다", "그 상담 선생님이 현재 상황을 더 정확하게 진단하여 치료해 줄 것이다"라는 말이 오히려 최선을 다했다는 뜻으로 이해될 수 있다.

# 8장

특별한 애도 경험

# 1. 갑작스런 죽음(Sudden Death)

"아침마다 아버지, 강아지와 함께 우유를 나누어 마시고 출근
을 하고는 했다. 평소와 다름없이 웃으며 우유를 나누어 마시
고는 출근을 하고 저녁에 퇴근하여 집에 들어 왔는데, 집안이
컴컴하고 아버지께서는 침대에 누워계셨고, 깨우러 들어가니
이미 돌아가신 상태이셨다."

_ 김영심

김영심(가명) 씨 아버지의 갑작스런 죽음 원인은 심근경색이었
다. 장례를 모두 마쳤지만 감정이 마비가 되었는지 울음조차 나
지 않았고, 그냥 아무 일 없는 듯이 일상으로 돌아왔다고 한다.
10여 년이 지나 우연히 어느 단체에서 진행하는 애도 집단 프
로그램에 참여하게 되었다. 집단에서 그동안 자신이 아버지의
죽음을 회피하였고 미해결 감정을 지속적으로 가지고 있었다
는 것을 알게 되었다고 한다. 어느 날 드라마 '눈이 부시게'를 보

다가 대성통곡을 하고 울었다고 한다. 아마도 오랜 기간 동안 꾹꾹 눌렀던 슬픔이 한꺼번에 올라온 것이 아닌가 싶다.

　이렇듯 갑작스런 죽음은 '예고 없이, 준비할 시간도 없이' 찾아오는 죽음으로 급작스럽게 발생한 사망을 의미한다. 심리적으로는 정신적 준비나 작별의 시간이 전혀 없었던 죽음으로 남겨진 사람들의 애도 반응이 다른 형태의 죽음보다 훨씬 강하고 복잡하게 나타난다. 상실에 따른 고통스런 반응의 원인 중에 하나가 예상치 못한 급작스런 죽음이다. 머리로는 죽음을 이해하지만 심리적으로는 받아들이지 않고 이해할 수 없기 때문이 아닌가 싶다.

　급사 또는 갑작스런 죽음은 일상생활을 하던 사람이 사고가 아닌 급성 질병 등이 직접적 원인이 되어 짧은 시간 안에 사망하는 경우를 말한다. 급성 질병사 종류에는 심혈관계 급성 질환(급성 심근경색, 부정맥에 의한 심장마비), 뇌혈관계 급성 질환(뇌출혈, 부종, 뇌간 압박), 호흡기계 급성 질환(급성 천식 발작, 폐색전증), 소화기계 질환(급성 췌장염, 복막염), 감염성 질환(패혈증, 독성 쇼크 증후군) 등 다양하며 원인을 알 수 없는 질병사 등이 있다.

　문제는 갑작스러운 죽음은 준비되지 않은 상실이기에 유가족에게 외상적 비애(traumatic grief)와 복합 비애(complicated grief)

가 나타날 수 있다는 것이다. 주요 심리 반응으로는 '믿기지 않는다'(충격), '지금도 살아 있을 것 같다'(부정) 등 죽음을 인정하지 못하고 일상 속에서 고인이 여전히 존재한다고 느낀다. '왜 하필 지금?', '누구의 잘못이야?' 등 사고 원인을 일으킨 사람이나 관련 주변인에게 분노를 폭발하거나 혹은 자신에게 향하는 자기 비난이 밀려오기도 하고 '그날 전화를 했더라면…', '내가 함께 있었다면…' 등 죄책감이나 자책감 등을 동반하기도 한다.

실제 부모를 급성 질환으로 상실한 경우 남겨진 자녀들은 건강염려증(Hypochondriasis)이나 건강에 대한 집착적 불안이 나타날 수 있다. 이는 일반적 건강염려증보다 위험 인식이 실제 사건에 의해 강화되어 더 강하고 지속적으로 나타날 수 있다. 이는 갑작스러운 상실 경험으로 인해 불안 민감도가 올라가 언제든지 건강을 잃을 수 있다는 인식이 강화된 경우로, 자신의 신체의 작은 변화도 재난 가능성으로 해석하게 만들어진다고 한다.

또한 유전적·가족력적 요인 오해로 '나도 저 질환으로 죽을 수 있다'는 공포가 커지면서 과도한 검사, 병원 방문을 반복하기도 한다. 이는 본질적으로 죽음 불안과 공포를 일으켜 '나도 갑자기 죽을 수 있겠다'는 존재적 불안, 세상에 대한 신뢰 상실, 외상 반응(PTSD) 사고 장면이 반복적으로 떠오름으로써 수면 장애, 회피, 과각성으로 나타나기도 한다.

갑작스런 죽음의 애도 반응은 초기는 충격 단계로 현실 부정, 감정 마비 등이 나타나며, 중기는 감정 폭발 단계로 분노, 공포, 외상 반응 등이 나타나며, 후기는 적응 단계이지만 오랜 기간 부정, 미해결 감정을 지속적으로 가지고 있을 수 있다. 실제 갑작스런 죽음은 충격 단계가 길고, 적응 단계로의 전환이 늦게 나타날 수 있다. '작별의 기회가 없었다'는 사실이 애도를 어렵게 한다는 것이다.

# 2. 자살(Suicide)

"어머니께서는 '왜 한 마디도 하지 않았는지'에 대한 분노와 죄
책감이 많았으며, 딸은 사회적 낙인을 두려워하며 친구들에
게 아버지의 죽음 원인을 감추었다. 학교생활이 어려워지고
불안감과 우울 증세로 일상생활이 어려웠다."

_ 이영미

이영미(가명) 씨는 아버지를 자살로 잃었다. 아버지는 작은 회
사를 운영하고 있었는데 코로나로 인하여 원재료 수입 가격 폭
등과 수입 통관도 어려워지그 매출은 점점 줄어서 사업에 애로
사항이 많았다고 한다. 그로 인하여 인건비와 경비 등을 내지
못하여 어려움을 겪고 계셨던 아버지는 가족들에게는 부담을
주지 않으려고 사업의 현실을 말하지 않으셨다.

가족과 주변인들 앞에서는 괜찮은 척하며 체면을 지키려고
애를 쓰셨던 아버지이기에 이런 일들은 예상이 되었지만 그 속

내까지는 알 수가 없었다. 어머님이 보시기에 아버지는 잠을 못 주무시고 식사량도 줄고 말수도 현저히 줄어들어 여쭈어 보았지만 '조금만 견디면 될 거야. 걱정하지 마.'라는 말씀만 계속 하셨다고 하여 더 이상 물어 볼 수가 없었다고 하셨다. 어느 날 늦은 밤까지 귀가하지 않으셨고 연락을 해도 받지 않아 다음날 새벽, 경찰에 실종 신고를 하였고, 아버지는 인근 산에서 숨진 채 발견되었다는 연락을 받았다.

'가족의' 혹은 '자살 유가족의' 자살 애도 반응은 일반적인 상실 반응보다 더 복잡하며 강도가 높은 감정적, 사회적 반응을 나타낸다. 사랑하는 사람이 자살로 생을 마감했을 때 남겨진 이들이 경험하는 애도의 반응은 일반적인 죽음보다 죄책감, 분노, 수치심, 사회적 낙인 등이 강하게 나타나는 것이 특징이다.

심리적 반응으로는 예기치 못한 죽음으로 인한 현실 부정, '그럴 리 없어', '왜 그런 선택을 했을까?'(충격과 부정) 등이 유족들의 겪는 초기 주요 반응이다. '내가 더 잘해줬다면', '내가 그 말만 안 했어도', '내가 눈치 챘어야 하는데', '그때, 전화만 받았더라도'(자책감과 죄책감) 등으로 자살에 대한 과도한 책임감을 느끼며 시신 발견, 사건 장면 등이 떠오르며 재경험을 하게 되는 트라우마 반응도 나타난다. '왜, 나를 두고 갔나?', '왜 이런 일을 해야만 했나?'(고인, 주변인, 사회에 대한 분노) 등이 나타나기도 한다. 또한 '이 일은 남에게 알려 지면 안 돼.'(은폐) 등 자살에 대한 사회적 낙인(stigma)을 피하기 위해 은폐와 고립이 많아지고, 고인의 죽음에 대한 자신의 감정을 이해받지 못한다는 생각으로 사람들과의 대화를 회피하기도 한다.

자살 유가족은 '왜?'라는 질문에 집착을 하며 이유를 찾지만 답을 얻지 못해 고통이 지속되며, 주변 사람들의 침묵, 회피로 인하여 혼자만 남은 느낌을 경험하며 사회적 거리감을 가지기도 한다. 이러한 과정은 애도하지 못하고 비탄과 슬픔이 장기화되면서 일상 기능이 회복되지 않으면서 복합적 비탄(complicated grief)을 겪기도 한다.

# 3. 사고사(Fatality Death)

> "어머니는 평소처럼 출근하던 아침, 횡단보도를 건너는 중 신
> 호를 무시한 차량과 충돌하는 교통사고가 발생하여 병원으로
> 이송되었지만, 과다 출혈로 사고 당일에 사망하셨다."
>
> _ 최은이

  최은이(가명) 씨는 최근에 어머니를 교통사고로 잃었다. 최은
이 씨 어머니는 아이들이 출가하고 남편이 퇴직하여 살림에 도
움이 되고자 가까운 마트에서 파트 타임으로 캐셔 업무를 하고
있었다. 그날도 평소와 같이 마트를 가다가 갑자기 트럭이 다가
와 어머니를 치었고, 어머니는 과다 출혈로 사망하였다. 가족들
은 충격에 빠졌고 아버지는 '그날 내가 차로 태워 줬다면…', 가
해자에 대한 강한 분노와 억울함을 호소하였다. 오빠는 겉으로
는 괜찮은 척하며 감정을 억누르며 장례를 치르는 내내 괜찮은
척 지내다가 장례를 마치고서 '엄마 마지막 순간에 옆에 있어

주지 못했다'는 말만 되풀이하고 죄책감을 표현하였다. 딸인 최은이 씨도 어머니의 사고 소식을 들은 후 며칠간 말문을 닫았고 감정 표현 대신 복통, 두통 등의 신체 증상이 증가하였고, 어머니가 치인 횡단보도를 건너지 못하고 있으며, 트럭만 보면 경기를 일으키는 증상을 호소하고 있다.

이러한 사고사는 예측 불가능하고 외상적이기 때문에 유가족은 일반적인 슬픔보다 충격, 분노, 무력감 등 복합적인 정서를 겪으며, 때로는 외상 후 스트레스 장애로 발전하기도 한다.

사고사는 우연적, 비의도적 사건으로 교통사고, 산업재해, 화재, 추락, 익사 등 갑작스럽고 예기치 못한 사고로 가족을 잃은 유가족이 경험하는 외상적이고 복합적인 애도 반응을 의미한다. 사고사의 애도 반응은 갑작스런 죽음에서 나타나는 특징과 비슷하지만, 사고를 일으킨 가해자에 대한 원망과 사고 원인과 진상을 해결하기 위한 노력 등이 많아진다는 것이다. 또한 준비되지 않은 상태에서 발생한 죽음이기에 '내가 막을 수 있었을까?'라는 생각에서 비롯된 자기 비난이 되는 죄책감과 무력감, '이건 불의의 사고야.', '왜 이런 일이?'와 같은 분노와 억울함, 주변인들의 '이제 그만 잊어야지.', '언제까지 그럴 거야, 다른 식구들도 생각해야지.'라는 말이 상처가 되는 사회적 공감 부족으로 더욱 힘들어 하기도 한다. 사회적 위축과 감정 표현 억제로 사고와 관련된 사람과 장소를 회피하게 된다.

  사고사의 주요 유형별 애도 반응 중 부모님의 교통사고일 경우에는 예측 불가능한 돌연사이며, 준비되지 않는 상실로 '작별 인사조차 못 했다'는 죄책감과 충격을 남기게 되며, 사고 장면에 대한 이미지 트라우마로는 사고 장면을 목격하거나, 사고 관련 설명을 듣는 것만으로도 반복적 이미지, 악몽, 플래시백이 생길 수 있다. 가해자, 운전자, 구조 지연, 병원 진료 등 다양한 대상에게 분노가 생기게 되며, 두통, 복통, 가슴 답답함 등 신체 반응이 애도 과정에서 흔하게 나타나기도 한다. 장례·민사·형사 절차로 사고조사, 재판 등이 끝날 때까지 애도에 집중하기 어렵고, 슬픔이 '중단'된 채 애도 과정이 지연되는 경향이 나타나기도 한다. 이처럼 외상과 상실이 동시에 작용하여 복잡한 애도로 발전하기 쉬운 복합 애도 위험이 있다.

# 9장

/

# 슬픔 치유 기법

부모를 잃은 후 많은 이들이 묻는다.

"이 슬픔을 어떻게 해야 하나요?"

"언제쯤이면 괜찮아질까요?"

이런 질문 뒤에는 슬픔이 치료해야 할 증상이고, 언젠가 완전히 사라져야 하는 것이라는 믿음이 깔려 있다. 하지만 이 장에서 소개하는 치유 기법들은 '슬픔을 없애는 기술'이 아니라, 부모 없는 삶을 재구성하고, '슬픔과 더불어 사는 방법'을 익히는, 그 회복의 여정을 돕기 위한 기술이다.

이 기법들은 특정 상담이론에만 의존하지 않는다. 오히려 오랜 시간 인류가 상실을 다뤄 온 전통적 방식-추모 의례, 이야기하기, 슬픔을 표현하기, 기억의 보존-과 현대 심리 치료의 다양한 접근을 통합한 것이다. 정서 중심 치료, 인지 행동 치료, 의미 재구성 치료, 내러티브 치료 등 여러 이론의 유용한 접근들을 상실 경험의 특성에 맞추어 활용한다.

상담자는 내담자의 상황, 생애주기, 사별의 맥락에 따라서 이 기법들을 유연하게 선택하고 조합해야 한다. 애도 상담의 현장에서 중요한 것은 내담자에게 어떤 이론을 적용하는가 보다, 내담자가 지금 어느 과정에 있는지를 이해하고, 그에 맞는 심리적 도구로 회복의 여정을 함께 걷는 것이다.

이번 장에서는 상담 현장에서 주로 사용되는 기법들을 기본 영역, 정서적 영역, 인지적 영역, 행동적 영역으로 나누어 살펴보고자 한다. 각 기법은 분리된 것이 아니라 상호 보완적이다. 실제 상담 현장에서 이들은 자연스럽게 교차하며 작동하고, 상담자는 내담자의 상태와 준비도에 따라서 이들 기법을 적용한다. 이어지는 사례를 통해 이런 기법들이 어떻게 임상적으로 적용되는지 구체적으로 살펴볼 것이다.


연수 씨(55세, 여, 가정주부)는 6개월 전 80세의 어머니를 폐암으로 잃었다. 어머니는 2년간 투병하셨고, 6개월간은 어머니를 연수 씨가 집에 모시고 돌보았다. 연수 씨는 세 자매 중 장녀로, 어머니의 돌봄 대부분을 담당했다. 어머니는 남편을 젊은 나이에 사고로 여의고, 홀로 세 자녀를 키웠으며, 정신적으로 강인하고 독립적인 분이어서 자녀에게도 의지하지 않으려고 했다. 하지만 병세가 깊어지고, 거동이 어렵게 되면서 점차 연수 씨에게 의존하게 되었고, 이는 두 사람 모두에게 어려운 변화였다. 특히 마지막 두 달은 어머니가 숨쉬기도 힘들어하셨으며, 자주 통증을 호소하셔서 연수 씨도 거의 잠을 이루지 못했다. 남편과 자매들은 연수 씨가 너무 힘들어한다며 염려를 했고, 어머니를 요양병원에 모시자고 했지만, 연수 씨는 평생 고생하신 어머니를 혼자 둘 수 없다며 '자신이 해야 할 일'이라고 생각했다.

어머니가 의식을 잃고 병원 중환자실에 옮겨져 며칠 만에 돌아가신 후 장례를 치를 때에도 연수 씨는 의연하게 모든 장례 절차를 준비했다. 조문객을 닿이하고, 동생들을 위로했으며, 주위 사람들은 연수 씨에게 "역시 장녀는 남다르다. 듬직하다."며 칭찬을 아끼지 않았다. 하지만 장례를 치르고 난 후 연수 씨는 집에 돌아왔을 때 무너졌다. 어머니가 누워 계시던 침실, 산소통 등 의료용품들이 즐비한 곳에 더 이상 어머니의 존재는 없었다. 어디선가 여전히 어머니의 소리가 들리는 듯했다. 내가 좀 더 어머니를 편안하게 해드렸어야 했는데… 잘못했던 것들이 끊임없이 떠올랐다.

그러나 한편 무언가 홀가분한 느낌이 드는 게 이상했다. 지난 2년간의 긴장 상태에서 벗어났다는 안도감, 이제 내 삶을 살 수 있겠다는 생각, 이런 생각과 감정이 불쑥불쑥 드는 자신이 부끄

러웠고, 자신은 나쁜 딸이라는 자책감에 시달렸다. 연수 씨는 무기력해졌고 밤엔 잠을 통 이루지 못했다.

6개월이 지나도 이런 상태가 지속되자 남편이 상담을 받아보라고 권유를 했고, 마침내 연수 씨는 상담실 문을 두드렸다.

# 1. 기본 기법

기본 기법은 모든 애도 상담의 전제이자, 심리적 토대가 되는 치료적 조건들이다. 이는 특정 기술을 적용하기 이전에 내담자가 자신의 슬픔을 안전하게 탐색할 수 있는 환경을 만드는 작업이다.

## 애도 반응의 정상화 : 심리교육

많은 사람이 부모 사별 후 자신의 격렬한 감정 반응, 혼란스러운 생각, 예상치 못한 행동 변화를 경험하면서 '내가 이상한 건가?', '나만 이렇게 힘든 건가?'라고 의심한다. 상담의 첫 단계에서 가장 중요한 것 중 하나는 내담자가 경험하는 반응이 비정상적이거나 병리적인 것이 아니라는 것을 인식시키는 데 있다.

연수 씨는 "어머니가 고통스러워하셨는데, 저는 짜증을 낸 적도 있어요. 마지막 두 달은 어머니가 빨리 평안해지셨으면 했어요. 그 마음을 어머니가 알아차리시고 살 의지를 내려놓으신 걸까요? 전 정말 나쁜 딸이에요. 제가 정상인가요?" 상담자는 "당신이 느낀 모든 것- 짜증, 지침, 고통이 끝나길 바라는 마음-은 2년간 헌신적으로 어머니를 돌본 사람이라면 누구나 느낄 수 있는 정상적인 반응이에요."라고 말하며 부모 사별 후 흔히 나타나는 신체적, 인지적, 정서적 반응을 체계적으로 설명하였다. 또한, 부모 사별의 특수성과 애도가 시간에 따라 어떻게 변화하는지, 사별 유형에 따라 장기 돌봄 제공자의 특수성, 트라우마 반응 등을 설명하였다.

이러한 심리교육의 효과는 상담 장면에서 다양하게 나타났다. '내가 이상한 게 아니구나!'라는 생각에 자기 비난과 불안이 줄고, 자기 감정을 좀 더 편안하게 인정할 수 있게 되었다. 그리고 자신의 경험을 탐색하고 표현할 수 있는 심리적 공간이 생겼다.

## 안전한 관계 구축

치유는 심리적으로 안전한 환경에서 시작된다.

부모 상실 후 어떤 사람은 쉽게 털고 일어나지만, 어떤 사람들은 자신의 슬픔이 과도하거나 부적절하다고 느낀다. 특히 성인 자녀의 경우, '나이도 먹을 만큼 먹었는데', '부모님이 돌아가시는 게 자연스러운 때'라는 사회적 인식 때문에 슬픔을 억압하게 된다. 또한 부모를 잃은 자녀는 종종 죄책감, 분노, 후회 같은 복잡하고 강렬한 감정을 경험하는데, 이러한 감정들을 꺼내놓을 수 있도록 비판단적 수용과 공감을 제공해야 한다.

연수 씨에게 가장 먼저 필요했던 것은 누구에게도 판단 받지 않고 자신의 모든 감정을 털어놓을 수 있는 공간이었다. 장녀인 그녀는 평생 "강해야 하고", "다른 사람들을 돌봐야 하고", "엄마에게 힘이 되어야 한다."는 얘길 평생 들으며 살아왔다.

연수 씨에게 상담자는 먼저 이렇게 말했다. "부모를 잃은 슬픔에는 나이가 따로 없어요. 나쁜 감정이란 없어요. 당신이 느끼는 것은 모두 이해할 만하고 타당해요." 연수 씨가 "엄마가 빨리 평안해지길 바랐다."라고 고백했을 때, 상담자는 비난하지 않고 오히려 공감했다. "사랑하는 사람이 고통받는 것을 지켜보는 것은 견디기 어려운 일이에요. 그 고통이 빨리 끝나길 바라는 것은 자연스러운 마음이에요." 이러한 비판단적인 수용은 연수 씨가 방어를 내려놓고 진솔한 슬픔을 표현할 수 있는 토대가 되었다. 애도 상담에서 신뢰 관계 구축은 중요하다. 많은 내담자가 부모에 대한 양가감정(사랑과 원망, 그리움과 안도감의 공존)을 가지고 있기 때문이다. 이런 복잡한 감정을 드러내기 위해서는 상담자가 자신을 절대 비난하지 않을 것이라는 확신이 필요하다.

## 상실의 현실 수용과 심리교육

상실의 현실을 받아들이는 것은 애도의 첫 단계이다. 어머니의 긴 투병 기간 동안, 연수 씨는 어머니의 죽음을 예견할 수 있었다. 하지만 '부모는 언젠가 돌아가신다.'라는 인지적 이해가 있지만, 다른 한편으로 '아직 준비가 안 됐다.'는 정서적 저항이 존재한다. 때로는 '어머니가 돌아가실 수 있다.'는 생각과 함께 살아온 근 2년 생활이 연수 씨를 지치게 했다.

상담자는 연수 씨에게 어머니의 사망 당시의 중요한 에피소드나 장례식 장면을 이야기하도록 격려하였다. 마지막으로 봤을 때 어머니는 어떤 모습이었는지, 어떤 옷을 입고 계셨는지, 어떤 대화를 나눴는지, 이런 구체적인 순간들을 회상하는 것은 고인과의 관계가 물리적으로 종료되었음을 마음으로 받아들이는 작업을 현실로 직면하도록 돕는 것이다.

또한 상담자는 "어머니가 돌아가셨다는 것을 가장 실감하는 순간은 언제인가요?"라고 물었다. 연수 씨는 "아침에 일어나면 자동적으로 어머니 방으로 발길이 가요. 매일 아침 안부를 확인하고 식선을 해야 했거든요. 그런데 그곳엔 아무도 없죠. 그때 '아, 엄마가 정말 돌아가셨구나.'라는 생각이 들어요." 이러한 구체적인 순간들을 함께 확인하는 것은 회피를 줄이고 현실을 통합하는 과정이다.

## 공감적 경청과 반영

애도 상담에서 중요한 기술은 역설적으로 '아무것도 하지 않는 것'이다. 즉 충분히 듣는 것이다. 공감적 경청은 단순히 듣는 것을 넘어, 내담자의 마음속 감정을 이해하고, 그 감정이 전달되도록 적극적으로 반응하는 것이다. 많은 사람은 부모 사별 후 자신의 이야기를 충분히 할 기회를 갖지 못한다. 주변 사람들은 위로하려고 하고, 일상으로 빨리 돌아가라고 권유를 한다. 상담자는 상담에서 연수 씨의 상실 내러티브를 중심에 두고 물었다. "어머니는 어떤 분이셨나요?", "어머니와 관계는 어땠나요?", "2년간의 돌봄 기간은 어떠셨나요?", "어머니를 잃은 후 가장 견디기 힘든 점은 무엇인가요?” 어머니는 강인하고 독립적인 분이었지만 연수 씨에겐 엄격하고 까다로운 분이기도 했다. “엄마는 제가 하는 것마다 늘 '그렇게 하는 게 아니야.'라고 하셨어요.” 상담자는 연수 씨의 말을 명료화하고 반영하여 “어머니를 사랑하고 최선을 다했지만 인정받지 못했군요.”라고 말해 주었다. 그러자 연수 씨는 “네… 저는 평생 어머니의 인정을 받고 싶었는데… 끝까지 '잘했다'라는 말을 못 들었어요.”라고 말했다.

이렇게 이상화된 이미지가 아니라 진실한 관계를 드러내는 것이 애도의 시작이다.

## 역할 전환 탐색하기

부모 사별은 단순히 한 사람을 잃는 것이 아니라 가족 체계 내에서의 위치와 역할이 변화하는 사건이다. 어머니의 죽음은 연수 씨의 가족 내 위치를 크게 변화시켰다. 그녀는 더 이상 '어머니를 돌보는 딸'이 아니었다. 2년 동안 연수 씨의 정체성의 큰 부분을 차지했던 역할이 갑자기 사라진 것이다. 상담자는 물었다. “어머니가 돌아가신 후 당신의 일상은 어떻게 달라졌나요?”

연수 씨는 이렇게 답했다. "갑자기 시간이 너무 많이 남아요. 예전에는 매일 어머니 식사를 준비하고, 한 시간마다 자세를 바꿔 주고, 약 챙기고, 병원에 모셔가고… 하루가 어떻게 흘러가는지도 몰랐어요. 그런데 이제는… 뭘 해야 할지 모르겠어요."

이것은 단지 시간이 남는 게 아니라 의미의 상실이었다. 돌봄 제공자로서의 역할이 그녀의 삶을 이끌었는데, 그 목적이 사라진 것이다. 동시에 연수 씨는 가족의 가장 윗세대가 되었다. 명절에 자매들이 그녀의 집에 모이기 시작했고, 가족 행사를 주관하게 되었다.


## 상징적 의례 활용

상징적 행위는 말로 표현하기 힘든 어려운 감정이나 의미를 다룰 수 있게 한다. 부모 사별의 경우, 고인에게 편지 쓰기, 고인의 생애사 기록, 사진 정리, 유품 정리 등이 의미가 있다.

연수 씨 경우엔 어머니와 못 다한 말들이 내내 그녀를 괴롭혔다. 상담자는 연수 씨에게 편지 쓰기를 제안했다. "어머니에게 하고 싶은 말을 자유롭게 써 보세요. 감사, 사랑, 사과, 분노… 그 어떤 것도 괜찮습니다." 또한 상담자는 연수 씨에게 어머니의 생애사를 정리해 보도록 권유했다. 이 과정에서 연수 씨는 어머니를 새로운 관점으로 바라보게 되었다. 이러한 작업은 어머니와 연결을 유지하는 방식이기도 하고, 어머니의 삶 전체를 조망하면서 죽음을 삶의 한 부분으로 통합하는 데 도움이 되었다. 또한 이 기록물을 자녀에게 물려줌으로써 세대 간 연속성을 확보할 수 있게 되었다.

## 2. 정서적 기법

애도는 본질적으로 정서적 과정이다. "슬픔은 표현될 때 치유된다."는 말처럼, 상담자는 다양한 기법을 통해 내담자가 마음속 깊은 감정을 안전한 환경에서 표출하고 해소하도록 이끈다. 부모 사별 후 겪는 감정들은 단순하지 않다. 슬픔, 그리움, 분노, 죄책감, 안도감, 외로움, 불안 등 이 모든 감정이 파도처럼 밀려오기도 하고, 예상치 못한 순간에 갑자기 찾아오기도 한다. 정서적 기법의 목표는 이런 감정을 억압하거나 제거하는 것이 아니라, 충분히 경험하고 표현하여 통합하는 것이다.

### 감정의 인식 및 이름 붙이기

연수 씨는 처음에 자신의 감정을 "그냥 슬프다."라고만 표현했다. 그러나 상담을 진행하면서 그 안에 훨씬 더 복잡한 감정들이 얽혀 있다는 것을 발견했다. 상담자는 연수 씨가 구체적으로 감정을 탐색하도록 돕는 질문을 하였다. "이 순간, 어머니를 떠올릴 때 어떤 감정이 드나요?" 연수 씨는 "그립고… 슬프고… 동시에 화도 나요. 왜 저에게만 유독 엄격하셨는지. 동생들한테는 다정하셨는데… 이상하게 홀가분하기도 해요. 더 이상 어머니 눈치를 안 봐도 되니까. 이런 생각을 하는 제가 너무 나쁜 거 같아요." 상담자는 각 감정을 하나씩 인정했다. "그립고, 슬프고, 화나고, 홀가분하기도 한 거죠. 이 모든 감정이 동시에 존재할 수 있어요. 하나가 다른 하나를 부정하는 건 아니에요."

이렇게 감정을 하나하나 명명하는 과정은 혼란스러운 내적 경험을 정리하는 첫걸음이다.

감정이 명명되면, 이제 그것을 표현할 수 있는 다양한 방법들을 활용할 수 있다.

### 예술을 통한 감정 표현

말로 표현하기 어려운 감정들은 종종 예술 매체를 통해 더 자유롭게 표현된다. 그림 그리기는 대표적인 기법으로, 내담자가 자신의 슬픔을 한 폭의 그림으로 표현하게 함으로써 현재 자신의 애도 상태를 직관적으로 드러내게 한다. 그림이나 색채, 혹은 음악을 통해 표현된 감정은 언어로 설명하기 힘든 깊은 슬픔까지도 드러나게 해주며, 상담자는 이를 함께 바라보며 내담자의 마음을 공감할 수 있다. 이러한 창의적인 표현 활동은 자기 감정을 인식하고 수용하는 과정을 도와주어, 내담자가 자신의 슬픔과 마주할 용기를 얻는 데 기여한다.

그림 그리기는 감정이 너무 복잡해서 말로 표현하기 어려울 때, 분노 등 억압된 감정을 안전하게 배출하고 싶을 때, 비언어적인 표현이 더 편한 내담자에게, 창조적인 작업을 통해서 의미를 찾고 싶을 때, 아름다운 형태로 고인을 기억하고 싶을 때 도움이 된다.

음악과 움직임은 말로 표현할 수 없는 신체 감각이 있을 때, 신체적 긴장과 트라우마를 다룰 때, 감정을 신체적으로 배출하고 싶을 때, 억압된 에너지를 풀고 싶을 때 도움이 된다.


## 상상 속 대화 및 빈 의자 기법

표현되지 못한 미해결 감정이나 전하지 못한 말이 남아 있는 경우, 고인과의 상상 속 대화를 유도하는 기법이 활용된다. 이는 내담자가 상담 장면에서 빈 의자나 심상(imagery) 속에 고인이 앉아 있다고 상상하고, 하고 싶었던 말이나 느끼는 감정을 직접 이야기하도록 하는 방식이다. 이러한 빈 의자 기법(empty-chair technique)은 게슈탈트 치료에서 유래한 기법으로, 깊은 감정의 촉발을 통해 미처 해소하지 못한 감정을 표출하고 정리하는 데 효과적이다. 이 과정에서 미처 하지 못했던 감사나 사랑의 표현, 때로는 섭섭함과 분노의 토로까지 이뤄지며, 마음속 응어리가 풀리는 경험을 한다.

상담자는 말했다. "저 의자에 어머니가 앉아 계시다고 상상해 보세요. 어머니에게 하고 싶은 말을 해보세요. 무엇이든 괜찮아요. 사과, 감사, 분노, 그리움… 당신이 느끼는 걸 그대로 표현해 보세요." 연수 씨가 평생 억눌렀던 말들을 쏟아내고 난 후, 상담자는 "이제 의자를 바꿔 앉아 보세요. 당신의 어머니가 되어 보세요. 어머니라면 당신에게 뭐라고 하실까요?"라고 말하며 어머니의 관점을 경험해 보게끔 하였다. 이러한 기법의 치료적 근거는 애도자가 이별의 인사를 고인에게 직접 하거나, 마지막 대화를 나누는 심리적 경험을 가짐으로써 미해결 감정에 종결감을 부여한다는 점이다. 이처럼 상상 속 대화는 감정의 폭발과 정화(catharsis)를 불러일으켜 슬픔을 치유하고, 보다 평온하게 고인을 추모할 수 있게 돕는 강력한 기법이다. 이 기법을 사용할 때 주의 사항은 강렬한 감정이 분출될 수 있으므로 충분한 시간을 확보한 상태에서 행해져야 한다는 점과 작업 후에는 심리적 안정화를 돕는 기법이 필수적이다.


### 표현적 글쓰기 기법

말로 감정을 표현하기 어려운 내담자나, 혼자 있는 시간에 슬픔을 다루고 싶은 내담자에게는 글쓰기 기법이 효과적일 수 있다. 표현적 글쓰기(expressive writing)는 자신의 깊은 감정과 생각을 종이 위에 자유롭게 써 내려 가는 치료 기법으로, 상실의 고통을 솔직히 드러낼 수 있는 기회를 제공한다. 예를 들어 고인에게 보내는 편지를 쓰거나, 상실에 대한 자신의 느낌을 매일 일기 형태로 기록하게 할 수 있다. 내담자는 마치 고인이 편지를 읽는다고 생각하면서 마음속 진심을 글로 풀어 낼 수 있다. 그 편지에는 고인에 대한 그리움, 함께 한 시간에 대한 감사, 떠나버린 데 대한 원망과 미안함 등 어떤 내용이라도 써도 된다. 중요한 것은 자신의 감정을 진정성 있게 솔직하게 쏟아내는 것이다. 편지를 쓰는 과정 자체가 치유적 역할을 하는데, 워든은 이 기법이 "생존자가 미처 끝맺지 못한 일들을 처리하도록 도와

준다."고 설명한다. 실제로 편지 쓰기를 통해 마음의 마무리를 지은 후에는 이전보다 후회나 죄책감 같은 부정적 감정이 줄어들고, 마음의 짐을 던 듯한 해방감을 느끼는 사례가 많다. 완성된 편지는 꼭 누구에게 보여주지 않아도 되며, 찢거나 태워 없애는 의식을 통해 자신만의 이별식을 치르는 것도 한 방법이다.

상담자는 연수 씨에게 상담 과제로 '어머니에게 편지 쓰기'를 제안했다. 편지를 쓰면서 연수 씨는 많이 울었고, 상담실에서 그 편지를 소리 내어 읽었으며, 상담자는 조용히 경청하였다. 그 후 상담자는 "이번에는 어머니의 입장이 되어 답장을 써 보세요."라고 제안했다. 연수 씨는 이 편지를 쓰면서 어머니를 용서하고 자신도 용서할 수 있었다. 어머니도 최선을 다했다는 것을, 그리고 자신도 최선을 다했다는 것을 인정할 수 있었다.

# 3. 인지적 기법

상실 후 우리의 생각과 믿음은 크게 흔들린다. '나는 충분히 좋은 사람이다'라는 자기 인식, '세상은 예측 가능하고 통제 가능하다'라는 세상에 대한 가정, '나에게는 시간이 있다'라는 미래에 대한 기대가 흔들리고 붕괴되어 재조정을 해야 한다. 인지적 기법은 비합리적이거나 고통을 가중시키는 생각 패턴을 인식하고, 이를 보다 적응적인 관점으로 재구성하는 것을 돕는다.

가까운 이를 잃으면 사람들은 흔히 "내 탓이야… 내가 뭘 더 했어야 했는데…"와 같은 비합리적인 죄책감이나 "이제 내 삶은 끝났어!"와 같은 극단적 생각에 사로잡히기 쉽다. 이러한 생각들은 슬픔을 더 깊게 만들고 회복을 어렵게 하므로, 상담 과정에서 적절한 인지적 개입을 통해 완화시킬 수 있다.

## 인지적 재구성(Cognitive Restructuring)

슬픔에 빠진 내담자가 왜곡된 인지를 가지고 있을 때, 상담자는 함께 그 생각의 타당성을 점검하고 새로운 시각을 제시한다.

'내가 더 잘했어야 했다'는 생각은 부모 사별 후 가장 흔한 인지적 왜곡이다. 이는 과거를 변화시킬 수 없다는 현실을 받아들이기 어려워하는 마음에서 비롯된다. 상담자는 연수 씨와 함께 증거를 검토했다. "어머니가 살아계실 때, 당신이 한 일들을 구체적으로 말해 보세요." 그리고 어머니를 위해 자신이 했던 것들을 나열하면서도, "하지만 저는 가끔 짜증을 냈어요. 완벽하지 않았어요."라고 자책하는 내담자에게 "당신의 친구가 2년간 어머니를 돌보고, 가끔 지쳐서 짜증을 냈다면, 당신은 그 친구를 나쁜 딸이라고 생각하나요?"라고 질문해 내담자가 가진 비합리적인 기준에 도전하게 했다.

이러한 과정은 '현실 검증을 통해 과도한 일반화를 교정하는 작업'이며, 어떻게 생각하느냐에 따라 감정이 달라지기 때문에 인지적 개입이 중요하다. 이러한 인지적 재구성 작업을 통해 내담자는 자신의 부정적 사고 패턴을 인식하고 수정하게 되며, 이는 슬픔의 강도를 누그러뜨리고 적응적 감정으로 나아가는 계기가 된다.

## 상실 경험의 의미 재구성

큰 상실을 겪으면 삶의 이야기(narrative) 자체에 혼란이 생기곤 한다. 애도 초기에 많은 사람들이 "왜 이런 일이 일어났는지?"를 묻는다. "왜 하필 지금?", "왜 우리 어머니가", "내가 무엇을 잘못했기에?" 하지만 "왜?"라는 질문은 답을 찾기 어렵고, 반추와 자기 비난으로 이어진다 이때 상담자는 내담자가 이번 상실의 의미를 재해석하고 삶의 맥락 속에서 새로운 의미를 부여할 수 있도록 돕는다.

이는 단순히 "좋은 추억만 기억하라."라는 식의 조언이 아니라, 고통스러운 이야기마저 자신의 삶의 일부로 통합하여 새로운 이야기를 만들어 나가는 작업이다. 예를 들어 내담자가 "왜 이런 비극이 내게 일어났을까?"라고 절망할 때, 함께 사건의 의미를 찾아보는 것이다. "어머니의 죽음이 당신의 삶에 남긴 영향은 무엇인지?", "어머니를 상실한 경험이 당신의 가치관이나 삶에 어떤 변화를 가져왔는지?"

이렇게 의미를 재구성하는 과정에서 상실은 단순한 결핍이 아니라 유산을 물려받는 경험이 된다. 이러한 의미 찾기는 고인의 부재 속에서도 내 삶을 계속 이어갈 이유와 동기를 부여해준다. 내담자는 상실 이후 새로운 삶의 이야기를 쓰며, 혼란스러운 사건으로 인해 깨진 자기 세계관을 재정립해 나간다.


## 글쓰기를 통한 의미 통합

글쓰기는 강력한 인지적 도구이다. 생각과 감정을 언어로 조직화하는 과정에서 혼란스러운 경험이 의미 있는 내러티브로 통합이 된다. 상담자는 연수 씨에게 여러 종류의 글쓰기를 제안했다.

감정 일기는 매일 10분씩 그날 느낀 감정과 생각을 자유롭게 쓰는 것으로, 이는 정서적 배출구가 되며 동시에 시간에 따른 감정의 변화를 추적할 수 있게 한다.

또 다른 방법은 구체적인 물건부터 추상적인 가치관까지 어머니로부터 물려받은 모든 것을 적는 것이다. 이러한 방법은 상실뿐 아니라 유산을 인식하게 돕는다.

자서전적인 글쓰기는 '부모를 잃기 전의 나'와 '부모를 잃은 후의 나'를 통합하는 이야기 쓰기로, 이는 연속성과 변화를 모두 인정하는 자기 내러티브를 만든다.

# 4. 행동적 기법

애도는 내적 과정이지만 궁극적으로 외적 삶 속에 표현되어야 한다. 부모 없이 살아가는 법을 배우고, 새로운 일상을 구축하고, 세상과 다시 관계 맺는 것. 행동적 기법은 이런 실제적 적응을 돕는다. 큰 상실을 겪으면 일상 기능이 무너지고 무기력에 빠지기 쉬운데, 오히려 작은 행동 변화들이 슬픔의 터널을 지나가는 힘이 되어 줄 수 있다. 상담자는 내담자가 일상으로 복귀하고 새로운 환경에 적응할 수 있도록 실제 행동을 취해 보도록 격려한다.

### 일상생활의 리듬 회복 : 기본적 자기 돌봄

애도 초기에 많은 사람이 기본적인 생활 리듬을 잃는다. 특히 갑작스러운 상실 이후에는 잠을 제대로 자지 못하고, 식사를 거르고 운동을 중단한다. 이는 신체적, 정서적 건강을 악화시켜 애도 과정을 더 어렵게 만든다.

연수 씨도 마찬가지였다. 어머니가 돌아가신 후 연수 씨의 생활 리듬은 완전히 무너졌다. 2년간 어머니를 중심으로 돌아가던 생활이 갑자기 사라지면서, 무엇을 해야 할지 몰랐다. 밤에는 잠들기 어려웠고, 식사를 거르기 일쑤였다. 상담자는 기본적인 자기 돌봄부터 시작했다. 배고프지 않아도 정해진 시간에 식사하기, 매일 같은 시간에 잠자리에 들기, 수면에 도움 되는 작은 행동 습관 만들기, 매일 30분씩 산책하기 등을 실천 과제로 내주고 함께 점검하였다.

연수 씨는 처음에는 '이런 게 무슨 소용 있나?' 싶었지만, 작은 변화들이 쌓이면서 점차 안정감을 찾게 되었다. 연구에 따르면, 특히 예상치 못한 충격적 상실(traumatic grief)을 겪은 경우, 규칙적인 일과를 설정하여 생활의 구조를 만드는 것이 감정 조절과 신경계 안정에 도움을 준다고 한다. 처음에는 억지로라도 하루 세 끼를 챙겨 먹고, 밤에는 따뜻한 차를 마시며 휴식하는 식으로 몸의 기본적인 필요를 돌보는 행동을 이어가는 것이 중요하다. 이러한 자기 돌봄 행동은 서서히 정신적인 안정감을 회복시키고, 나아가 슬픔을 극복할 수 있다는 자신감을 심어 준다.

## 행동 활성화 기법

애도 중에는 모든 것이 의미 없게 느껴지고, 무엇을 해도 즐겁지가 않다. 이런 무력감은 사회적 위축과 고립으로 이어진다. 행동 활성화(Behavior Activation) 기법은 '기분이 나아지면 행동한다'가 아니라 '활동하면 기분이 나아질 수 있다'는 원리에 기반한다. 상담자는 연수 씨와 일주일 활동 계획을 세웠다. 즐거움을 주는 활동과 성취감을 주는 활동을 균형 있게 포함시켰다. 처음에는 '하고 싶지 않다'고 느껴도, 일단 계획대로 실행하고 나면 예상보다 괜찮았다는 것을 경험하게 된다.

## 회피 행동 다루기 : 점진적 노출

애도 중에 특정 장소, 물건, 활동을 피하는 것은 자연스러운 일이다. 하지만 장기적으로 회피하는 것은 애도 과정을 지연시킨다.

연수 씨에겐 어머니가 머물렀던 방은 가장 고통스러운 공간이었다. 연수 씨는 장례식 후 그 방을 닫아 두고 들어가지 않았다. 그래서 몇 달이 지나도 어머니의 물건들이 그대로 있었다.

상담자는 점진적 노출을 제안했다. 1단계는 방문을 열고 밖에서 안을 보기, 2단계는 방에 들어가 앉아 있기, 3단계는 물건 하나를 만져 보기, 4단계는 정리할 물건과 남길 물건 구분하기, 5단계는 실제 정리하기로 나누어 각 단계를 천천히 진행했다.

어머니의 물건을 정리하는 것은 실제적인 과제이면서 동시에 깊은 심리적 의미를 가진 행동이다. 무엇을 버리고 남길 것인가, 무엇을 누가 가질 것인가 하는 결정들은 모두 상징적 의미를 담고 있다. "어머니를 기억하게 하는 몇 가지 물건을 간직하세요. 모든 물건을 버릴 필요는 없어요." 연수 씨에게 그 물건들은 어머니와의 연결고리가 되었다.


**새로운 역할 실험하기**


부모가 돌아가신 후, 남은 가족 구성원들은 역할을 재조정해야 한다. 특히 양쪽 부모를 모두 잃은 경우, 형제자매 관계가 재편성된다. 연수 씨는 이제 가족의 어른이 되었다. 명절에 형제들을 초대하고, 집안의 중요한 결정에 의견을 제시하는 역할이 처음에는 부담스러웠다.

"제가 어머니를 대신할 수 없어요." 상담자는 말했다. "어머니를 대신하는 게 아니에요. 어머니처럼 할 필요는 없어요. 당신만의 방식으로 가족을 돌보는 거예요."

연수 씨는 점차 자신만의 방식을 찾아갔다.

## 사회적 지지 체계 재건

애도 중에 많은 사람들이 사회적으로 위축된다. 사람들을 만나는 것이 부담스럽고, '자신간 불행한 것 같다'는 느낌 때문에 고립된다. 연수 씨는 2년간 사회적으로 고립되었다. 친구들 모임에 참석하지 못했고, 교회 활동도 중단하였다. 모든 시간을 어머니를 돌보는 데 썼다. 어머니가 돌아가신 후에도, 연수 씨는 여전히 사람들을 만나기 어려워했다.

"다들 행복해 보이는데 나만 슬픈 것 같아서… 민폐 끼치고 싶지 않아요."

상담자는 사회적 연결의 중요성을 강조했다. "고립은 슬픔을 더 깊게 만들어요. 사람들과의 연결이 당신을 지탱해 줄 거예요. 사람들은 당신이 생각하는 것보다 당신을 돕고 싶어 해요." 연수 씨는 가장 가까운 친구 한 명에게 연락을 했고, 이 만남이 연수 씨에게 큰 위로가 됐다. 점차 다른 친구들과도 다시 연결되기 시작했다. 또한 상담자의 권유로 부모 사별 집단에도 참여했다. 거기서 만난 사람들은 모두 비슷한 경험을 하고 있었다. 그들의 이야기를 들으며 연수 씨는 '나만 그런 게 아니구나!'라는 것을 깨달았다. 이런 공유를 통해, 연수 씨는 자신의 감정이 비정상적인 것이 아니고, 많은 사람들이 같은 길을 가고 있다는 것을 알게 되었다.

### 명상과 이완 기법

슬픔의 고통이 심할수록 신체적·정신적 긴장이 높아지므로, 이를 완화하기 위한 명상, 요가 등의 이완 기법도 활용된다. 명상은 호흡이나 현재 순간에 집중함으로써 마음의 평정을 찾는 연습인데, 연구에 따르면 규칙적인 명상은 애도 중 나타나는 여러 부정적 증상(불면, 집중력 저하, 분노 등)을 감소시키고 전반적인 스트레스 지수를 낮추는 효과가 있다. 간단한 호흡 명상이나 근육 이완 운동을 매일 10분씩이라도 실천하도록 권유하면, 시간이 지날수록 마음의 안도감을 되찾는 데 도움이 된다. 또한 요가와 같은 신체 활동은 억눌린 감정을 신체를 통해 발산시키고 마음과 몸의 균형을 잡아 주는 역할을 한다. 이러한 심신 이완 기법들은 슬픔 자체를 없애 주지는 못하지만, 슬픔을 견뎌내는 내적 자원과 에너지를 보강해 줌으로써 결국 애도 과정을 끝까지 버텨낼 수 있게 돕는다.

# 5. 통합적 접근

　지금까지 살펴본 바와 같이, 슬픔의 치유에는 정서적, 인지적, 행동적 측면을 아우르는 다양한 기법들이 활용된다. 중요한 것은 이러한 방법들을 개별 내담자의 필요와 상황에 맞게 조율하는 것이다. 슬픔 치유에는 정해진 공식이 없으며, 사람마다 애도의 방식과 시간이 다르기 때문이다. 상담자는 이 기법들을 기계적으로 적용하는 것이 아니라, 내담자의 준비 정도, 필요성, 문화적 맥락에 맞추어 유연하게 활용했다. 기본 기법으로 안전한 공간을 만들고, 정서적 기법으로 복잡한 감정들을 표현하고 통합하도록 했으며, 인지적 기법으로 자기 비난적 생각을 재구성하고 새로운 의미를 찾았으며, 행동적 기법으로 실제 삶을 재구성하고 새로운 정체성을 실험하도록 했다. 중요한 것은 이 기법들은 '슬픔을 제거하는 것'이 아니라 '슬픔과 함께 살아가는 법'을 가르친다는 점이다.

　상담자는 모든 기법을 숙지하되, 내담자 앞에서는 기법이 아니라 한 인간으로서 존재해야 한다. 내담자가 울 때 함께 울고, 화를 낼 때 함께 분노하고, 웃을 때 함께 웃는 것, 진정한 치유는 이런 진실한 만남 속에서 일어난다. 연수 씨는 상담을 마치며 다음과 같이 말했다.

"어머니를 잃은 슬픔은 평생 갈 거예요. 하지만 이제는 그 슬픔 속에서도 살 수 있어요. ㅈ는 슬픔도 있지만 사랑도 있고 희망도 있어요. 저는 어머니의 딸이지만, 동시에 저 자신이에요."

# 10장

## 상장례(喪葬禮) 예식

지혜로운 사람의 마음은 초상집에 가 있고,
어리석은 사람의 마음은 잔칫집에 가 있다.

_ 솔로몬의 잠언 중에서

초상집에는 가족과 지인, 그리고 그와 관련된 사람의 '죽음'을 통해서 평소에 깊이 생각해 보지 않았던 자신의 인생을 돌아볼 수 있는 조건이 충분히 갖춰져 있다.

불과 몇 십 년 전만 해도 대부분 집에서 이루어졌던 상장례는 현대에 들어와서 의학이 발달하고 주거 환경의 변화로 병원이나 전문 장례식장에서 대부분 진행되고 있다.

고인이 살던 집에서 죽음을 맞이하며 그 과정을 가족과 함께하고, 죽어서도 집에 가족 및 친지와 함께 있다가 장례식 날 비로소 집을 떠나는 과정은 고인과 가족 모두에게 삶과 죽음이 하나라는 인식을 은연중에 가질 수 있도록 하였다.

하지만 현대에 이르러 '죽음'은 의학적 실패로 여겨져 끝까지 치료하고 그 과정에서 환자는 마치 24시간 불이 켜져 있는 시장통과 같은 병원 중환자실에서 면회 시간에만 가족을 만나다가 죽음을 맞이하게 되는 경우가 많다. 이러한 죽음은 환자나 가족 모두에게 깊은 상처를 남기지만, 호스피스 시설 이용으로 존엄한 죽음을 맞이하는 데 도움을 받을 수도 있다.

죽음 이후에 이어지는 상장례는 상례와 장례를 통칭하는 단어이고, 상례는 상중에 이루어지는 모든 예절을 뜻하며, 장례는 시신을 격식에 맞추어 처리하는 방식을 의미한다.

# 1. 종교별 장례 예식과 대도

    장례 방식에 영향을 가장 많이 미치는 것은 종교라고 할 수 있다. 각 종교에는 금기시하거나 선호하는 방식이 있으며, 우리나라는 주로 불교, 유교, 기독교의 장례 의식이 혼용되어 장례 절차가 진행되고 있는 것이 현실이다.

## 불교

    불교에서는 고대 인도의 장례법 중의 하나인 화장을 수용하여, 흙·물·불·바람으로 구성된 인간의 몸을 본래의 모습으로 돌려보내는 것을 이상적인 죽음으로 여긴다.

    5세기경 불교가 한반도에 유입되면서 화장한 후 뼈를 용기에 담아 매장하는 화장묘의 풍습이 생겨났으며, 8명의 신라 왕이 화장되었고, 고려 중기 이후 왕실과 민간에서도 점차 화장을 광범위하게 수용하였다. 그 후 조선시대에 유교 이념과 맞지 않는다며 화장을 전면 금지하자 극빈자나 특별하게 죽은 사람만 화장하게 되었다. 허례허식 타파의 하나로 일제 강점기와 해방 이후에 화장이 증가하기 시작하여 2024년 화장률은 79.2%에 달했다.

불교 승려의 경우 장작더미와 숯 등으로 화장장을 만들고 그 위에 관을 올려놓은 다음, 불을 붙여 태우고 유골을 거두는 다비식을 통해 화장한다.

사람이 죽은 날로부터 매 7일째, 7회에 걸쳐 49일 동안 죽은 사람의 명복을 비는 천도 의식을 행하는 49재가 있다.


## 유교

우리나라의 장례는 전통적인 장례, 현대적인 장례 모두 유교를 바탕으로 삼고 있다.

유교는 사회의 조화를 유지하는 사회적 원리 및 국가의 안정을 유지하는 정치적 원리였으나, 점차 민간 신앙의 영향을 받으면서 종교적인 요소를 포함하게 되었다.

유교의 장례에서 중요한 것은 제사이며, 제사는 조상의 혼백이 존재하므로 그 혼백에게 예를 올리는 행위로 조상의 혼백이 후손의 삶에 관여할 수 있다는 것을 근거로 하고 있다.

혼(魂)은 인간을 형성하는 양기(陽氣)의 영을 말하고, 사람은 죽으면 혼이 하늘로 올라가서 신(神)이 되며, 백(魄)은 육체를 지배하는 영혼으로 지상에 머물러서 귀(鬼)가 된다.

사람이 죽으면 지붕 위에서 고인의 혼을 부르는 초혼(招魂) 의식은 이러한 관념에서 나온 것이다.

이런 유교의 제사는 죽은 사람을 살아 있는 사람처럼 섬기고, 흩어진 혼과 얼을 모아 이어지게 해서 인생의 허무함과 생명이 유한한 것을 극복하고자 하는 의식이라고 할 수 있다.


## 기독교

기독교는 육체의 부활에 다한 믿음으로 화장을 하지 않고 매장이 전통적 절차였으나 최근에는 화장도 기독교의 부활 교리에 어긋나지 않는다고 보아 장례의 한 방법으로 선택되고 있다.

장례에 대한 명칭이 교파별로 다르며, 개신교에서는 장례예배, 가톨릭교회에서는 장례미사, 성공회에서는 고별성찬례라고 한다.

고인이 임종하면 임종 예배를 드리고 종교 지도자의 집례 하에 입관 예배를 진행하고 조문객을 맞는다. 조문객은 고인에게 절과 분향을 하지 않고 헌화하며 관을 장지로 옮길 때 발인 예배를 하고, 장지에서 종교 지도자의 주례 하에 하관식을 한다.

　추모일은 세상을 떠난 날로 하며, 가족과 친지들이 모여 추모 예배를 드리고 삼우제와 49제는 치르지 않으며, 장례 절차는 교파에 따라 다소 차이가 있다.

## 2. 전통적 예식

 

전통적 장례 절차는 현대 문물이 본격적으로 유입되기 전인 구한말 이전의 장례 절차를 의미하며 『주자가례』와 『사례편람』 의 절차에 따른다.

일반적으로 3일장을 하였으나 특별한 경우에는 5일장을 치르 기도 하였으며, 고인의 혼백에게 제사를 지내는 유교의 죽음관 이 반영되어 있다.

첫째 날, '초종'은 죽음을 맞이하는 절차이며, 고인의 영혼을 다시 불러 재생하기를 바라는 '초혼' 등 소 절차가 있으며, '습'은 시신을 목욕시키고 수의를 입히며 시신의 입에 쌀과 엽전·구슬

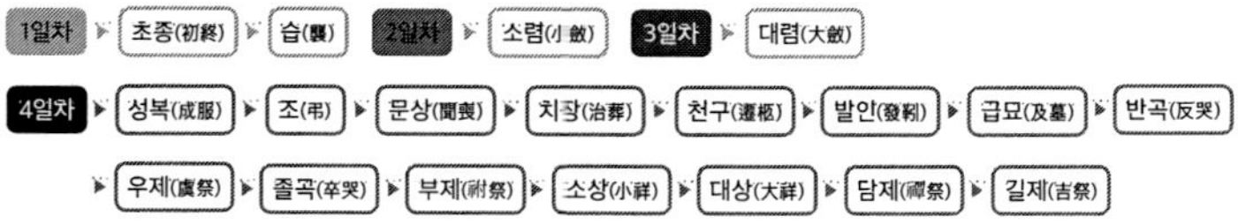

[그림 7] 전통 장례 절차, 한국장례문화진흥원

을 물려 맛있고 깨끗한 물건으로 입을 채우는 절차다.

둘째 날, '소렴'은 시신을 베로 싸서 묶어 관에 넣을 수 있도록 준비하는 절차다.

셋째 날, '대렴'은 묶은 시신을 관에 넣는 절차다.

넷째 날에 이루어지는 '성복'은 상주들이 상복을 입는 절차다. 조(弔)와 문상(聞喪)은 절차로서의 의미는 없으며, '조'는 상주를 위로하고 고인의 명복을 비는 방법에 대한 설명이 주를 이루고, 문상은 부고를 들었을 때 행해야 하는 일과 상복을 입는 일시 등에 관한 절차다.

치장은 장사할 시간과 장소를 정하고 필요한 도구를 제작하는 절차이며, 천구는 장사 하루 전에 발인하기 위해 영구를 모시고 사당에 모신 조상에게 인사하는 절차다. 발인은 영구를 상여에 싣고 장지로 운반하는 절차이며, 급묘는 영구가 장지에 도착하여 장사를 지내는 일이고, 반곡은 신주를 모시고 장지에서 집으로 돌아오는 절차다.

넷째 날 이후 이루어지는 우제는 부모의 장사를 지내고 영혼을 맞이하여 지내는 제사로 세 번 지내며, 졸곡은 곡을 그치는 의례이며, 부제는 고인의 신주를 조상의 곁에 합사(合祀)하도록 하는 절차이다. '소상'은 만 1년이 되는 날에 망자를 추모하는 제사이며, '대상'은 만 2년이 되는 날에 망자를 추모하는 제사를 말한다. 담제는 평상의 상태로 돌아가기를 기원하는 제사이며, 상주는 대상이 지나고 3개월 후 지내는 '담제'를 지낸 다음 날에 모든 조상의 신주(神主, 위패)를 고쳐 쓰고 망자의 신주를 사당에 안치하며 지내는 '길제'를 지낸 다음 날부터 상복을 벗고 평상복을 입을 수 있다. 삼년상은 돌아가신 부모를 자식이 3년간 애도한다는 뜻이며, 실제 기간은 만 2년~2년 3개월 정도이다.

# 3. 현대적 예식

전통적 예식은 허례허식 및 현대의 삶에 적합하지 않은 미신적 요소가 많다는 인식의 확산으로, 1956년 「표준의례」를 제정하여 가정의례를 간소화하였고, 1969년에는 「가정의례준칙」을 법률로 공포하였다. 현재는 재단법인 한국장례문화진흥원을 정부에서 설립하여 기본적인 장례 절차를 안내하고 있다.

사전 준비로는 미리 작성해 놓은 「사전장례의향서」, 영정 사진, 각종 구비 서류 파악 및 준비를 하고, 가능하면 고인이 작성해 놓은 「사전장례의향서」로 고인의 뜻을 따른 장례 의식을 진행하는 것이 좋다.

| 1일차 | ▶ | 운구(장례식장) | ▶ | 수시(收屍) | ▶ | 고인안치 | ▶ | 빈소설치 | ▶ | 부고(장례알림) | ▶ | 상식 및 제사장 |
|---|---|---|---|---|---|---|---|---|---|---|---|---|
| 2일차 | ▶ | 염습(殮襲) | ▶ | 반함(飯含) | ▶ | 입관(入棺) | ▶ | 성복(成服) | ▶ | 성복제 |
| 3일차 | ▶ | 발인식 | ▶ | 운구(運柩) | ▶ | 매장·화장 | ▶ | 장례 후 의례 |

**[그림 8] 현대적 장례 절차, 한국장례문화진흥원**

## 첫째 날 절차

임종 후 고인을 장례식장, 자가, 성당 등 종교 시설에 안치할 수 있으며, 고인은 특수 차량(운구차)로 이동해야 한다. 장례 방법(화장, 화장 이후 자연장, 봉안(납골), 산골(뿌림), 매장)을 협의하고 빈소, 제단 방식, 관 등 장례용품을 협의한다.

사망 신고 및 화장 신고 등에 사망진단서(시체검안서) 7~10부가 필요하고, 이용할 장사 시설 및 고인의 신분에 따른 부가 서류도 확인한다.

부고는 전화·인터넷·문자 등의 경로로 알리며 사망 일시, 발인 일시, 장소, 장지, 상주 등의 내용으로 한다.

상식 및 제사상은 고인이 살아 계실 때와 마찬가지로 고인에게 식사를 올리는 것이다.

화장할 때는 인터넷 보건복지부 'e하늘장사정보시스템(www.15774129.go.kr)'에 접속하여 화장을 예약한다.


## 둘째 날 절차

고인을 정결하게 하고 수의를 입히는 염습 및 입관을 하고 상주들은 상복을 입는 성복을 하고, 조문객은 통상적으로 빈소 설치 후 접객이 가능하다.

수의는 고인과 유족의 뜻에 따라 평상복, 한복 등으로 대신할 수 있으며, 완장 착용은 전통적 예식이 아니라 일제 강점기에 독립 운동가를 가려내기 위해 만든 제도이므로 착용할 필요가 없다.


### 셋째 날 (발인일) 절차

발인은 시신이 집 또는 병원 장례식장을 떠나는 절차를 말하며, 발인에 앞서 간단한 제물을 차려 제사를 지내기도 한다. 운구는 유족 등으로 4~6명 준비하여 영구차로 이동한다.

장례식장이나 상조 회사를 이용할 경우에는 발인 전 요금 정산(법정 거래명세서 수령 필요)을 한다. 산출 기준 임대료는 오전 12시부터 다음 날 오전 12시까지를 1일로, 염습실은 1회 사용 요금으로 한다.

화장은 화장 시설에 도착하여 화장 서류(사망진단서 1부, 주민등록등본 1부 등)를 접수하고 'e하늘 장사정보시스템'에서 예약된 시간에 화장로에서 화장한 후 분골한 용기를 받고, 화장 후 '화장 필증'을 받아서 봉안할 때 관계자에게 제출한다.

매장은 묘지에 도착하여 서류(사망진단서 1부, 주민등록등본 1부, 신청서 1부, 고인 증명사진 1매)를 접수하고 안내에 따라 하관한다. 하관할 때 곡은 하지 않으며, 관은 수평을 맞추어 내려놓고 명정을 관 위에 덮는다. 관 위에 횡대(橫帶)를 가로 걸친 후에 상주, 상제, 상사를 주관하는 주부 순으로 흙을 관 위에 세 번 뿌린다.

봉분이 끝나면 지석을 묘의 오른쪽 아래에 묻고, 산신제 및 평토제를 지내고 매장 신고 및 분묘 설치 신고를 한다. 법인 묘지나 공설 묘지의 경우에는 관리사무소에서 매장 신고 및 분묘 신고를 대신해 주기도 한다.


## 장례 후 절차


조문, 조의금 등에 대한 감사의 뜻을 적은 감사문을 발송하고 장례를 치른 30일 이내에 서류를 갖추어 고인의 주민등록지 관공서에 사망신고서를 제출해야 한다.

기타 사망자 금융거래 조회, 사망자 토지 소유 조회, 상속에 따른 소유권 이전 등기 신청, 재산 상속 한정 승인·포기 청구,

자동차 이전등록 신청, 취득세 및 등록세 신고 납부, 상속세 신고 납부, 사망 관련 국민연금 청구, 식품 영업·공중위생영업 지위 승계 신고, 사업자등록 정정 신고, 신용카드·휴대전화·유선방송 인터넷 서비스 거래 계약 해지 등을 해야 한다.

# 4. 장례 의식의 심리 사회적 기능

장례 의식은 죽은 사람을 추모하고 그 시신을 처리하는 사회적 절차이며, 대부분의 장례 의식은 격식에 따라 복잡하게 진행되며 비용과 노력이 많이 수반되는 사회적 행사다.

이런 어려움에도 불구하고 장례 의식이 계승되고 있는 이유는 의식을 진행하면서 산 사람인 유족과 구성원들을 위로하고, 공동체의 유대와 결속을 강화하는 심리 사회적 기능을 지니기 때문이다.

## 심리적 기능

자주 만나며 친밀한 관계를 맺었던 사랑하는 사람과 다시는 만날 수 없는 영원한 이별을 하는 것이 사별로, 어느 시기까지는 그 현실을 인정하기가 쉽지 않다. 그럼에도 유족은 사별의 아픔과 슬픔을 가지고 그 사람이 더 이상 존재하지 않는 현실에서 일상적인 삶으로 돌아와야 한다.

장례 의식은 일종의 애도 과정이라 볼 수 있으며, 유족 및 고인과 관계 맺었던 사람들이 사별의 충격을 해소하고, 애도 과정을 지원받는 심리적 기능을 가지고 있다.

심리적 기능으로는 유족과 공동체가 죽음을 현실로 받아들이도록 돕고, 사별의 슬픔을 반복적으로 표현하고 해소할 수 있는 기회를 제공한다. 또한 유족과 공동체가 슬픔을 위로받고 지지받을 수 있는 공식적인 기회 제공 및 고인을 추모하고 고인에 대한 긍정적인 이미지를 형성하여 애도를 도울 수 있으며, 고인이 존재하지 않는 현실에서 새로운 삶을 살 수 있도록 촉진하는 기능을 갖는다고 할 수 있다.

## 사회적 기능

죽음은 개인적인 사건이기도 하지만 공동체와 구성원들에게 영향을 미친다는 점에서 사회적 사건이기도 하다. 장례 의식은 개인의 죽음이 사회에 주는 충격을 완화하고 공동체의 결속을 유지하고 강화하기 위한 다양한 기능을 담당한다.

## ① 시신 처리 기능

시신을 깔끔하게 처리해 주는 것을 통해 사회나 각 가정은 편안하게 안녕과 질서를 유지해 나갈 수 있게 되며, 특히 보건 위생적 안전을 도모하면서 건강한 일상생활을 유지해 나갈 수 있게 된다.

## ② 두려움 극복 기능

살아 있는 사람들은 고인의 혼을 위로하는 상장례의 의식을 통해서 심리적 안정감 내지 편안함을 획득함과 동시에 두려움을 극복한다.

## ③ 공동체의 결속 강화 기능

죽음에서 오는 충격을 완화해 주는 정신적 및 물질적 도움의 기능과 이를 통한 사회공동체의 결속 강화 기능이다. 상부상조를 통해 충격에 빠진 유가족들은 슬픔과 고통에서 벗어나 정상을 회복하게 되고, 이를 통해 집단과 사회는 다시 결속되어 그 질서를 유지해 나가게 된다.

## ④ 죽음에 대한 사회적 확인 기능

인간의 죽음이 단지 개인 육체의 소멸로 끝나지 않고 사회적으로 의미 있는 죽음이 되도록 하면서, 죽음을 사회적으로 확인하는 중요한 역할을 하게 된다.

⑤ 사회적 교육 기능

죽음을 간접 체험함으로써 죽음 준비 교육의 기능을 수행한다. 또한 상장례는 그 사회의 기본 가치를 반영하는 방식으로 진행되는 의례이므로 서열이나 위계 등 사회 구성원으로서 살아가기 위한 기본 예절이나 질서 의식을 가르치고 배우는 교육의 장이 되기도 한다.

## 참고 문헌

『사람은 살던 대로 죽는다』, 양준석 외, 솔트앤씨드, 2018.

『상실과 슬픔의 치유』, 문종원, 바오로 딸, 2016.

『상실 수업』, 엘리자베스 퀴블러-로스·데이비드 케슬러 저, 김소향 역, 인빅투스, 2014.

『슬픔학 개론: 삶과 함께하는 죽음』, 윤득형. 샘솟는기쁨, 2015.

『유족의 사별 슬픔 상담과 치료』, 윌리엄 워든 저, 이범수 역, 해조음, 2007.

『애도 상담』, 스테판 프리만 저, 이동훈·강영신 역, 사회평론아카데미, 2019.

『애도 상담의 이론과 실제』, 최백만·김기연·이재풍, 해조음, 2021.

『애도의 이해와 개입』, 육성필·박혜옥·김순애. 박영스토리, 2019.

『애도와 상실』, 로버트 니마이어 저, 육성필·조윤정 역, 박영스토리, 2023.

『존 볼비와 애착이론』, 제레미 홈즈 저, 이경숙 역, 학지사, 2005.

『죽음교육의 이론과 실제: 기본 편』, 한국죽음교육협회, 박문사, 2024.

『죽음의 심리학』, 권석만. 학지사, 2019.

『죽음학 교본』, 한국싸나톨로지협회, 2023.

『코로나를 애도하다』, 양준석, 솔트앤씨드, 2022.

『현대생사학개론』, 찰스 A. 코르·도나 M. 코르, 한림대학교 생사학연구소, 박문사, 2018.

「가족사별 중년여성의 애착유형이 역경 후 성장에 이르는 과정」, 양준석·유지영, 가족과 가족치료, 26(1): 49-76, 2018.

「한국인의 성인기 부모상실경험에 대한 심상 개입의 효과: 심상재각본을 중심으로」, 박순조, 인제대학교 박사학위 논문, 2021.

「사회변화와 부모자녀관계」, 이경혜, 부모자녀건강학회, 4(2): 43-55.

「영적 의미 추구로서의 사별애도 연구」, 예현숙, 숭실대학교 박사학위 논문, 2017.

이지데이 리서치(www.ezday.co.kr)

Bonanno, G. A. 2009. The otherside ofsadness: What is the new science of bereavement? Tell susabout life after loss. BasicBooks.

Bowlby, J. 1969. Attachment and loss: Vol. 1. Attachment. London. Hogarth Press & Institute of Psychoanalysis.

Cole, Jr. 2008. Good Mourning: Getting through Your Grief. Louisville, KT & London: Westminster John Knox Press.

Frankl, Victor E. 1984. Man's Search for Meaning. NY: Simon & Schuster, Inc.

Freud, Sigmund. 1917. Mourning and Melancholia. In collevted papers.

Gillies, J., & Neimeyer, R. A. 2006. "Loss, grief, and the search for significance: toward a model of meaning reconstruction in bereavement" Journal of Constructivist Psychology, 19.

Klass, D., Silverman, P., & Nickman, S. (Eds.). 1996. Continuing bonds: New understandings of grief. Washington. DC: Taylor & Franci.

Lindemann, E. 1944. Symptomatology and management of acute grief. American Journal of Psychiatry, 101(2), 141-148.

Neimeyer, Robert. A. 2002. Lessons of Loss: A Guide to Coping. New York: Routledge.

Neimeyer, R. A., & Anderson, A. 2002. Meaning reconstruction theory. In N. Thompson (Ed.), Loss and grief. New York: Palgrave, 2002.

Rando, T. A. 1993. Treatment of complicated grief. Champaign, IL:

Research Press.

Stroebe M, Schut H. 1999. The Dual Process Model of Coping with Bereavement: Rationale and Description. Death Studies. 197-224.

Worden, J. W. 2018. Grief counseling and grief therapy: A handbook for the Mental health practitioner. 3rd ed. New York: Springer Publishing Company.